乒乓球

全民健身项目指导用书

姜涛 刘恭◎主编

吉林出版集团股份有限公司 全国百佳图书出版单位

图书在版编目（CIP）数据

乒乓球 / 姜涛，刘恭主编. -- 2版. -- 长春：吉林出版集团股份有限公司，2010.2(2024.8重印)
全民健身项目指导用书
ISBN 978-7-5463-2386-2

Ⅰ.①乒… Ⅱ.①姜… ②刘… Ⅲ.①乒乓球运动-基本知识 Ⅳ.①G846

中国版本图书馆 CIP 数据核字(2010)第 028512 号

全民健身项目指导用书
乒乓球
PINGPANGQIU

主　　编	姜　涛　刘　恭
责任编辑	黄　群　林　琳
封面设计	吕宜昌
开　　本	650mm×960mm　1/16
印　　张	8
字　　数	60 千
版　　次	2010 年 2 月第 2 版
印　　次	2024 年 8 月第 4 次印刷
出版发行	吉林出版集团股份有限公司
地　　址	吉林省长春市福祉大路 5788 号
邮　　编	130000
电　　话	0431-81629968
电子邮箱	11915286@qq.com
印　　刷	三河市金兆印刷装订有限公司
书　　号	ISBN 978-7-5463-2386-2　定　价　39.80 元

版权所有　翻印必究
如有印装质量问题，请寄本社退换

序言

自 1995 年我国政府推出《全民健身计划纲要》以来，我国群众性体育活动蓬勃发展，取得了显著的成绩。2008 年，举世瞩目的北京奥运会的成功举办，极大地激发了亿万人民群众的体育热情，增强了全社会的体育意识，营造了浓厚的全民健身氛围。面对这样的可喜局面，群众体育科研、教学工作者应义不容辞地为社会实践服务，从不同角度思考，如何使普通百姓通过简而易行的身体锻炼方式、方法和手段达到良好的健身效果，达到拥有健康的目标，从而享受生活、享受快乐人生。该书系就是在这样的思想指导下诞生的。

本书系能够顺应国家体育的大政方针，掌握时代脉搏，对指导大众健身，使大众掌握健身方法和手段有很好的促进作用。

本书系图文并茂，实用性强，分为球类运动、体操健身运动、传统武术、冰雪运动、水上运动、体育舞蹈、休闲运动、格斗运动、民间体育活动和极限运动等十大类项目，计 100 分册，按照统一的体例，力争有所创新。每册的具体内容为该项目的起源与发展、运动保健、基本技术、运动技巧、比赛规则等,使读者在学习过程中,不仅能够学会运动健身的方法,同时还能够学到保健方面的基本知识。

经国务院批准,自 2009 年起,将每年的 8 月 8 日定为"全民健身日"。《全民健身项目指导用书》的出版,必将为开展全民健身活动起到积极的推动和指导作用。

目录 CONTENTS

第一章 概述
第一节 起源与发展/002
第二节 场地、器材和装备/005

第二章 运动保健
第一节 自我身体评价/012
第二节 运动价值/016
第三节 运动保护/021

第三章 基本技术
第一节 握拍方法/032
第二节 站位与基本姿势/035
第三节 攻球技术/036
第四节 搓球技术/049
第五节 推挡技术/060
第六节 弧圈球技术/066
第七节 发球技术/078
第八节 削球技术/097

目录 CONTENTS

第四章 基础战术

第一节 发球抢攻战术/106
第二节 接发球战术/108
第三节 对攻战术/109
第四节 拉攻战术/111
第五节 搓攻战术/113
第六节 削攻结合战术/114

第五章 基本规则

第一节 比赛方法/118
第二节 裁判方法/120

第一章 概述

乒乓球运动既是一项激烈的竞技性比赛项目,又是一项深受大众喜爱的休闲体育运动。

第一节 起源与发展

乒乓球运动大约起源于19世纪末的英国,随后流传到美国、欧洲中部、日本和中国等地,发展至今已成为一项世界性的体育运动项目。

 起源

乒乓球运动起源于英国,欧洲人至今一直把乒乓球称为"桌上的网球"(Table Tennis)。由此可知,乒乓球运动是由网球运动发展而来的。

关于乒乓球运动的起源流传着一个有趣的故事。19世纪末的某天,在英国首都伦敦,有两个青年到一家饭馆吃饭。饭后,两个人闲聊时感到很闷热,于是就拿起雪茄烟盒的盖子扇起来。后来,他们又拣起酒瓶上的软木塞,以当时最盛行的打网球动作,用盖子把塞子打来打去,此举吸引了不少食客和侍者观看。英国的新闻界颇感兴趣,把它誉为时髦的运动,并做了充分的报道。很快这项运动在英国的一些大学生中流行起来。但当时,这项运动既无统一的名称,又无统一的规定,仅仅作为一种娱乐活动流行于欧洲。这便是乒乓球运动的雏形。

 发展

20世纪初,乒乓球运动在欧洲和亚洲蓬勃开展起来。随着技术的进步、规则的日臻完善,以及国际赛事的举办,乒乓球运动逐步走上规范化道路,并成为全民健身运动的有机组成部分。

乒乓球运动是从欧洲兴起并向世界各地传播的。1926年,在德国柏林举行了国际乒乓球邀请赛,本次比赛后来被追认为第1届世界乒

乒球锦标赛,同时成立了国际乒乓球联合会。

20世纪50年代以前,欧洲人主宰了世界乒坛,特别是1902年英国人发明了胶皮球拍,使乒乓球运动技术发生了很大的变化。在这一时期举办的数届世界乒乓球锦标赛中,欧洲人夺得了绝大部分比赛的冠军,进入了欧洲乒乓球运动的全盛时期。

20世纪50年代初,奥地利人在球拍上进行革新,发明了海绵球拍。这种球拍弹力大、出球速度快,更利于进攻打法。

1952年,日本选手首次在乒乓球世界锦标赛上使用这种球拍,采取远台长抽结合快速移动的打法,一举夺得了第19届世界乒乓球锦标赛的4项冠军,打破了数十年来欧洲人垄断世界乒坛的局面,同时也标志着亚洲乒乓球运动势力的崛起。

1959年,中国选手首次获得男子单打世界冠军,中国选手开始登上了国际乒坛。从第26届到第28届的3届世界乒乓球锦标赛中,中国选手都夺得了半数以上的冠军。中国成为世界公认的乒乓球运动强国。

1988年,在第24届汉城奥运会上,乒乓球运动被正式列为奥运比赛项目。

机构与赛事

机构

国际乒乓球联合会(ITTF)简称国际乒联,1926年成立于柏林,现在有186个协会会员,分属于国际乒联承认的欧洲乒联、亚洲乒联、非洲乒联和南美洲乒联。

中国乒乓球协会于1953年加入国际乒乓球联合会。

赛事

(1)奥运会乒乓球赛,每4年1届;

(2)世界乒乓球锦标赛,每2年1届;

(3)世界杯乒乓球赛,又称"埃文斯杯赛",每年1届;

(4)国际乒联职业巡回赛,每年1届。

发展趋势

国内趋势

乒乓球运动被世界公认为是中国的"国球"。自容国团 1959 年赢得第一个世界冠军至今的 50 年中，中国乒乓球队在世界三大赛事中共夺得了 100 多个世界冠军，创造了世界体坛罕见的长盛不衰的历史。

为更广泛地开展群众性体育活动，增强人民体质，推动我国社会主义现代化建设事业的发展，1995 年 6 月，国务院提出了《全民健身计划纲要》，号召全社会广泛开展全民健身运动。目前，全民健身运动在全国范围内蓬勃发展，具有中国特色的全民健身体系的框架已经初步形成。全民健身运动的开展，有利于提高人们的生活质量，丰富人们的业余文化生活，促进社会进步，有利于加强社会主义精神文明和物质文明建设，提高我国的综合国力，振奋民族精神。

如今，乒乓球运动在我国已形成普及——提高——再普及——再提高的良性循环。据统计，目前我国经常打乒乓球的人数已升至上千万。在提高全民族的身体素质水平，积极推行全民健身计划的浪潮中，乒乓球运动在我国变得更加时尚起来，越来越多的人在课余、休息日参加乒乓球运动。

国外趋势

现在的乒乓球运动已经发展成为高科技、高速度和强旋转相结合的一种竞技体育项目。在新生代们的冲击和推动下，站位近台，追求更快速、更凶狠的打法将成为今后乒乓球运动的重要技术特征，随之而来的，还包括相应的战术变化及器材工具的革新。

第二节 场地、器材和装备

乒乓球运动具有很强的观赏性和艺术性,对场地、器材和装备都有一定的要求。场地是乒乓球运动开展的前提,而良好的器材和装备则是运动参与者发挥较高水平的必要保障。

乒乓球运动对场地的要求并不高,但正规的比赛场地有着严格的标准,初学者应该对此有所了解。

场地呈长方形,长 14 米,宽 7 米,室内场地高度以不低于 4 米为宜。

❄ 乒乓球台　见图 1-2-1

（1）乒乓球台用木料或其他材料制成,长 2.74 米,宽 1.525 米,高 0.76 米,台面呈暗色无光泽,厚 0.35 米；

（2）球台周边有一条 2 厘米宽的白线,与球网垂直的线称为"边线",与球网平行的线称为"端线"；

（3）双打台面有一条与边线平行的 3 厘米宽的白色中线,它把台面分为两个相等的半区。

图 1-2-1

❋ **乒乓球网** 见图 1-2-2

(1)球网用暗绿色蜡线编成,长 183 厘米,高 15.25 厘米,网顶镶有白布边,中间穿以绳线,固定在网架上;

(2)网架为铁制,高 15.25 厘米,直径 2.2 厘米,颜色为单一暗色,不反光。

图 1-2-2

❋ **要求**

(1)比赛场地用高 0.75 米的深色挡板围起,与相邻场区及观众席隔开;

(2)光源离地面高度不低于 4 米,整个台面的照明度均匀,且不低于 400 勒克斯,其他部位的照明度不低于台面的一半;

(3)地面一般为暗色,不应有明亮的光源或透过未加覆盖的窗子的日光；

（4）地板漆不能涂成淡色或有明显的反光。

器材

乒乓球运动的必备器材是乒乓球和乒乓球球拍，良好的器材是乒乓运动开展的重要保障，它在一定程度上可以决定比赛的成绩。

乒乓球

规格 见图1-2-3

乒乓球应为圆球体，直径40毫米，重0.0027千克，呈白色或橙色，且无光泽。

材质

乒乓球用赛璐珞或类似的塑料制成。

图1-2-3

球拍 见图1-2-4

规格

球拍的大小、形状和重量不限，但底板应平整、坚硬。

材质

（1）底板至少应有85%的天然木料，加强底板的黏合层可用碳纤维等纤维材料，每层黏合层不超过底板总厚度的7.5%或0.35毫米；

（2）用来击球的拍面连同黏合剂厚度不超过2毫米，或用颗粒向内或向外的海绵胶覆盖，连同黏合剂厚度不超过4毫米。

要求

（1）覆盖物应覆盖整个拍面，但不得超过其边缘，靠近拍柄部分以及手指执握部分可不予覆盖；

（2）不论球拍两面是否有覆盖物，必须无光泽，且一面为鲜红色，另一面为黑色；

（3）由于意外的损坏、磨损或褪色，造成拍面的整体性和颜色上的一致性出现轻微的差异时，只要未明显改变拍面的性能，均允许使用；

（4）在比赛中选手需要更换球拍时，必须向对方和裁判员展示将要使用的球拍，并允许检查。

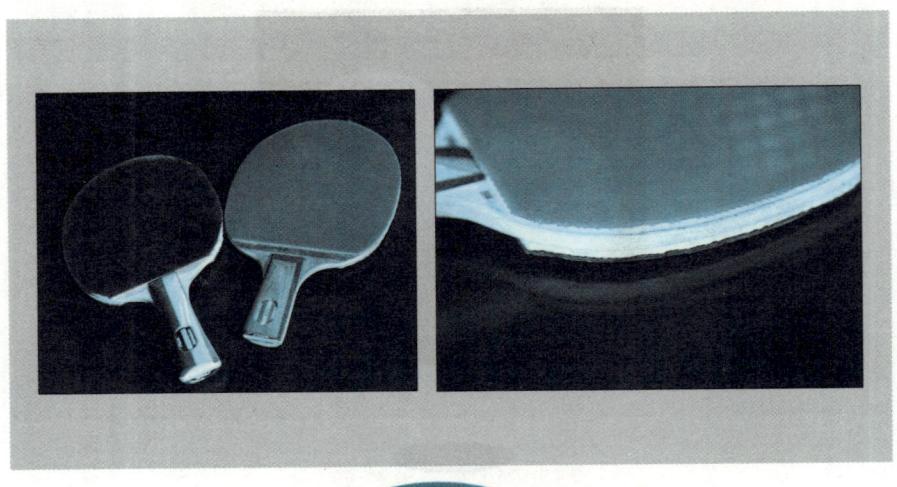

图1-2-4

在进行乒乓球运动时，舒适、合体的装备对练习者不但有安全保护作用，还有助于技战术水平的充分发挥。

 服装　见图 1-2-5

款式

现在的乒乓球运动服装，无论是男子服装，还是女子服装，多为T恤衫和短裤。

要求

（1）服装要宽松舒适，便于活动，面料一般为吸汗性和透气性较好的棉制品；

（2）服装要整洁干净，以表示对对方、裁判员和观众的尊重。

图 1-2-5

 鞋　见图 1-2-6

乒乓球鞋一般应为软胶底的，有助于蹬地和发力。

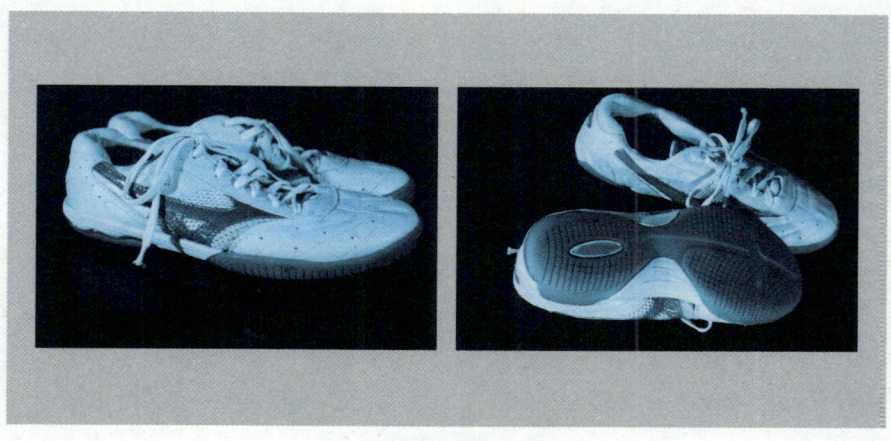

图 1-2-6

第二章 运动保健

体育运动对增强体质、预防疾病和促进健康具有良好的作用。但是,并非所有人从事相同的运动都会达到同样的效果。对于同一种运动负荷,不同人机体的反应差异是很大的,即使同一个体,在不同时期、不同机能状态下,对同一负荷的反应及效果也是不一样的。因此,对于不同个体,应制定适合其机能需要的运动强度、时间、频率和持续周期。从事体育锻炼一定要讲究科学性,使机体最大限度地获得运动价值,使某些疾病得到有效的防治。

第一节 自我身体评价

自我身体评价是指根据个体的不同情况以及简单的功能评定标准，对锻炼者进行身体评价，并以此为依据，确定具体的锻炼内容。

适宜人群

体适能是全身适应性的一部分，是人体精神和体力对现代生活的适应能力。为了促进健康，预防疾病，提高生活质量和工作学习效率，几乎所有人都可以追求健康体适能，而且经过简单的评价和测试，均可以成为目标人群，即适宜人群。

健康体适能评价标准

健康体适能是指身体有足够的活力和精力处理日常事务，而不会感到过度疲劳，并且还有足够的精力去享受休闲活动和应对突发事件。

健康体适能是确定锻炼者是否为运动适宜人群的主要依据。目前的评价标准主要包括国民体质测定标准、学生体质测定标准和普通人群体育锻炼标准等。

国民体质测定标准主要包括形态指标、机能指标和素质指标3个部分，各项指标的测定结果均为1～5分，共5个级别。凡各项指标达不到4分或5分者，均应被纳入健身人群。

学生体质测定标准分为优秀、良好、及格和不及格4个级别。优秀水平以下者，均应被纳入健身人群。

普通人群体育锻炼标准分为5个级别，凡达不到4分或5分者，均应被纳入健身人群。

简易运动功能评定

简易运动功能评定的目的在于确定锻炼者有无运动禁忌症或临时运动禁忌的情况,即是否适合参加体育锻炼,以达到防备万一、避免意外事故发生的目的。目前通行的方式为3分钟踏台阶测试。

目的

测试锻炼者运动后心率恢复的情况,以评估其心肺功能。

器材　见图2-1-1

30厘米高的长凳、节拍器、秒表和时钟。

步骤　见表2-1-1

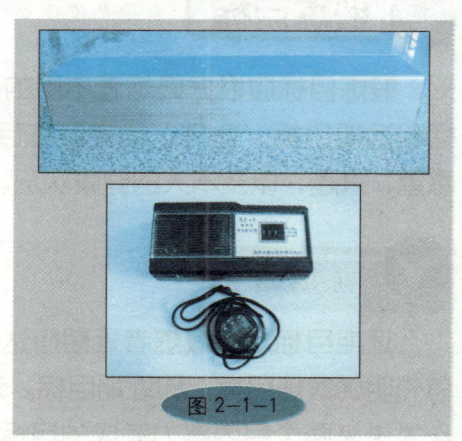

图2-1-1

(1)节拍器设定为每分钟96次,锻炼者依"上上下下"的节拍运动3分钟。

(2)锻炼者完成3分钟踏台阶后,5秒钟内开始测量其脉搏,时间为1分钟,记录其心率,并依据下表评价其功能水平。

(3)运动后心率越低,证明其心肺功能越好。在运动强度允许的范围内,锻炼者可选择运动强度的较高值来进行运动。

表2-1-1　3分钟踏台阶测试评价表

	年龄(岁)	欠佳(次)	尚可(次)	一般(次)	良好(次)	优异(次)
男士	18~25	>115	105~114	98~104	89~97	<88
	26~35	>117	107~116	98~106	89~97	<88
	36~45	>119	112~118	103~111	95~102	<94
	46~55	>122	116~121	104~115	97~103	<96
	56~65	>119	112~118	102~111	98~101	<97
	65+	>120	114~119	103~113	96~102	<95
女士	18~25	>125	117~124	107~116	98~106	<97
	26~35	>128	119~127	111~118	98~110	<97
	36~45	>128	118~127	110~117	102~109	<101
	46~55	>127	121~126	114~120	103~113	<102
	56~65	>128	118~127	112~117	104~111	<103
	65+	>128	122~127	115~121	101~114	<100

注意事项

如锻炼者经过努力仍无法达标，或出现头晕、胸闷、出冷汗等症状，应立即终止测试。运动中应特别考虑运动强度，以防止出现意外。

锻炼目标

锻炼目标应根据锻炼者不同的身体状况来确定，可分为近期目标和远期目标。此外，确定锻炼目标还应结合锻炼者的运动意向、愿望、兴趣，以及本人的健康状况、疾病程度等因素来进行。

近期目标

近期目标是指锻炼者近期应达到的目标。在进行运动之前，应首先明确锻炼目标，即近期目标。选择一两个健康体适能构成要素，作为未来两个月内努力完成的目标，而且应从成功概率较高的构成要素开始，并将预期两个月后要达到的目标做上记号，如提高某个或某些关节的活动幅度，增强某个肌肉群的力量等。

远期目标

远期目标是指锻炼者最终要达到的目标。实践证明，经过科学合理的锻炼后，锻炼者是可以达到一般的远期目标的，如提高心肺功能，使其达到优秀的等级，或达到降血脂、防治高血压和冠心病的目的等。

运动负荷

运动负荷即运动量。怎样控制运动量，合适的运动时间是多少等，一直是人们争论不休的问题。但有一点是可以肯定的，那就是任何有关身体活动的意见和建议，都需要综合考虑锻炼者的身体状况和所要达到的目标，并以此为依据来制订科学的身体锻炼计划。

运动强度

在运动过程中,运动强度过小,则无法达到锻炼的效果;运动强度过大,不仅达不到最佳的锻炼效果,还可能产生一些副作用,甚至出现意外事故。确定运动强度有两种方法,即心率简易推测法和主观感觉疲劳分级表推测法。

❀ 心率简易推测法

(1)年龄在 20 岁左右的年轻人,身体健康,能坚持体育锻炼,欲进一步提高身体机能,可取最大心率值(最大心率值=220-年龄)的 65%~85%。

(2)年龄在 45 岁以下,身体基本健康,有运动习惯者,开始进行健身锻炼,可取最大心率值的 65%~80%,没有运动习惯者,开始进行健身锻炼,可取最大心率值的 60%~75%。

(3)年龄在 45 岁以上,身体基本健康,有运动习惯者,开始进行健身锻炼,可取最大心率值的 60%~75%,没有运动习惯者,建议根据自身情况咨询专业人员来指导和确定运动强度。

❀ 主观感觉疲劳分级表推测法　　见表 2-1-2

运动的疲劳程度大致分为 10 级,具体为:0~1 级,没感觉;2~3 级,尚轻松;4~5 级,稍累;6~7 级,累;8~9 级,很累;10 级,精疲力竭。因此,健身锻炼的运动强度应控制在主观感觉疲劳程度的 4~7 级。

表 2-1-2　　主观感觉疲劳分级表

0 没感觉	.	2 尚轻松	.	4 稍累	.	6 累	.	8 很累	.	10 精疲力竭

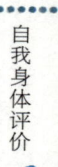

运动频率

运动频率是指每日及每周锻炼的次数。一般每周锻炼 3～4 次，即隔日锻炼 1 次即可。有充足的休息时间，可使机体得到充分的休息，收到更好的锻炼效果。

运动持续时间

运动强度和运动持续时间，决定了一次锻炼的运动量和热量消耗。运动持续时间与运动强度成反比，运动强度大，运动持续时间可相应缩短，运动强度小，则运动持续时间应相应延长。

一般的健身锻炼，运动持续时间以每天 20～60 分钟为宜，其中包括准备活动时间、健身锻炼时间和整理活动时间。每次健身锻炼应在 20 分钟以上，锻炼可一次性完成，也可分段进行，但每段的活动时间应在 10 分钟以上。

第二节 运动价值

运动价值是人们一直在探讨的问题。一般认为，运动具有两方面的价值，即健身价值和心理价值。身体和精神的健康是相互依存的，伴随着身体功能的改善，精神状况也能同时得到改善。

健身价值

健身价值在于提高体适能。体适能包括心肺耐力素质、肌肉力量素质、柔韧性素质和身体成分等。体适能的发展是积极从事锻炼的结果，只有规律性的体育锻炼才能达到最佳的体适能。

提高心肺耐力素质

心肺耐力是指全身肌肉进行长时间运动的持久能力，是体内心肺系统对身体各细胞的供氧能力。人体的心脏、肺、血管、血液等组织的功能是心肺耐力的基础，它们与氧气和营养物质的输送以及代谢物的清除有关。健全的心肺功能是健康的基本保证。

系统的体育锻炼，可以使心肌增厚，收缩力加强，心室容积增大，从而使心脏的泵血功能增强，表现为心血输出量增加。

系统的体育锻炼，呼吸系统机能也将得到提高，表现为呼吸肌的力量增强，肺活量、肺通气量明显增加，保证对机体供氧的能力。

系统的体育锻炼，可以促进血管系统的形态、机能和调节能力产生良好的适应力，从而提高机体的工作能力。

系统的体育锻炼，可以使血液系统产生某些适应性变化，如血容量增加、血黏度下降、红细胞膜弹性增强和红细胞变形能力增强等。

提高肌肉力量素质

肌肉力量是指肌肉最大收缩产生的对抗阻力或负荷的能力。肌肉力量只有达到一定的程度，才能克服外界阻力，而克服外界阻力是维持日常生活自理、从事各种劳动和运动的必要前提。

系统的体育锻炼，可以提高肌肉的生理横断面积，可以改善神经系统对肌肉收缩的支配功能，还可以提高肌肉内代谢物质的储备量，使肌肉力量得到提高。

提高柔韧性素质

柔韧性是指人体各关节的活动幅度，即关节的肌肉、肌腱和韧带等软组织的伸展能力。柔韧性对于保证正常生活质量、维持正常体态、预防损伤发生和减轻损伤程度等方面均起到至关重要的作用。

系统的体育锻炼，还可以延缓因年龄因素而导致的柔韧性下降，预防因缺乏运动而导致的关节结构、周围软组织和膝关节肌肉退化，从而使锻炼者的日常生活、劳动和运动等更加充满活力。

改善身体成分

身体成分是指人体体重中的脂肪组织和去脂组织的重量百分比。身体成分中的脂肪成分增加，肌肉成分必然下降。身体中不具备收缩功能的脂肪组织增加，必然导致身体进行各种活动的能力下降，基础代谢水平降低，肥胖症、冠心病、高血压、糖尿病、高血脂等慢性疾病发病率的提高。因此，身体成分是保证人体健康的重要内容之一。

通过系统的体育锻炼，随着锻炼者体质的增强，热量消耗便随之增加，进而燃烧掉体内多余的脂肪，使身体成分得到改善。而身体成分的改善，又可以减少体重对关节可能带来的不利影响，还可以使肥胖者的心理状况得到改善，增强其自信心，使其逐步建立起健康的生活方式。

心理价值

研究证明，有规律的体育锻炼不但可以使锻炼者增强体质、促进身体健康、预防一些慢性疾病，还可以提高锻炼者的生活满意度和生活质量，对其心理健康产生积极影响。

体育锻炼的心理健康效应主要表现在六个方面：

改善情绪状态

短期效应

研究发现，体育锻炼对人的情绪状态具有显著的短期效应。运动后人们的焦虑、抑郁、紧张和心理紊乱等症状会明显减轻，而精力和愉快程度则明显增强。而且这种情绪的迅速变化，与锻炼者个体的健康状况、活动形式和活动强度等有着直接的联系。

 长期效应

体育锻炼对人情绪的长期效应有着直接的影响，与不锻炼者相比，有规律的锻炼者在较长时期内很少会产生焦虑、抑郁、紧张和心理紊乱等情绪。

完善个性行为特征   见表 2-2-1

人们的行为特征一般可以分为两种类型，用 A 型行为特征和 B 型行为特征来表示。A 型行为特征主要表现为性情急躁、争强好胜、容易激动、整天忙碌和做事效率高等。B 型行为特征主要表现为不好竞争、不易紧张、不赶时间、对人随和、喜欢自由自在等。具有 A 型行为特征的人由于过度紧张的情绪反应，会引起内分泌失调，增加心脏病发病的概率。目前的一些研究主要集中在体育锻炼对改变 A 型行为特征的作用方面。研究结果表明，有规律的体育锻炼能明显改变 A 型行为特征。

 A、B 型个性行为特征常见表现

A 型行为特征者常见表现	B 型行为特征者常见表现
约会从来不迟到	对约会很随便
竞争意识很强	竞争意识不强
别人要讲话时总爱抢先或插话	是别人讲话时很好的听众
总是匆匆忙忙	即使有压力也从不匆忙
等待时缺乏耐心	能够耐心等待
干事时全力以赴	处事漫不经心
同时想干很多事	在一段时间里只干一件事情
讲话喜欢用加强语气，甚至敲桌子	讲话语速缓慢、不慌不忙
做了好事希望能得到别人的认可	只要自己满意即可，不管别人怎样想
吃饭、走路都很快	做事情很慢
不善与人相处	为人随和
容易暴露自己的感情	能控制自己的感情
具有广泛的兴趣	没什么业余爱好
雄心壮志	满足于目前的工作和学习状况

确立良好自我概念

自我概念是指个体对自己身体、思想和情感的主观整体评价，它由许多自我认识组成，包括我是什么人、我主张什么和我喜欢什么等。

坚持体育锻炼，可以使锻炼者体格强健、精力充沛、提高驾驭身体的能力，从而改善对自身的满意程度，确立良好的自我概念。

改变睡眠模式

根据脑电图的显示，人的睡眠可以分为两种状态，即慢波睡眠状态和快波睡眠状态。前者为浅度睡眠状态，后者为深度睡眠状态。一夜之间两种睡眠状态会交替发生 4~5 次。

有规律的体育锻炼不仅对慢波睡眠有促进作用，而且能缩短入眠的潜伏期，并延长睡眠的时间。

改善认知能力

体育锻炼还能改善人的认知过程，避免反应时间过长、注意力不集中和思维混乱等症状的发生，尤其对老年人的认知能力改善效果更为明显。

增加心理治疗效应

体育锻炼被公认为是一种心理治疗的好方法。目前人群中常见的心理疾患是抑郁症和焦虑症。研究发现，体育锻炼是治疗抑郁症的有效手段之一，抑郁症患者经过有规律的体育锻炼，抑郁症状能明显减轻。

体育锻炼还具有治疗焦虑症的作用，通过有规律的体育锻炼，可以使锻炼者的焦虑症状明显改善。

第三节 运动保护

在运动过程中，人体机能会随时发生变化。因此，应针对这种机能变化的特点来进行体育锻炼，也就是我们所说的运动保护。运动保护一般包括运动前准备、运动后放松和自我养护三个方面。

运动前准备

准备活动是指在正式运动之前进行的有目的的身体练习。做好充分的准备活动，可以缩短机体进入最佳状态的时间，同时还可以预防运动损伤的发生，为机体发挥最大的工作效率做好功能上的准备。

准备活动的作用

提高中枢神经系统兴奋状态

（1）使大脑反应速度加快，参加活动的运动中枢神经相互协调。
（2）为正式运动时生理机能达到适宜程度提前做好准备。

提高机体代谢水平

（1）准备活动可以使锻炼者体温升高，降低肌肉黏滞性，使肌肉的伸展性、柔韧性和弹性增强，从而有效预防运动损伤的发生。
（2）准备活动可以增强体内代谢酶的活性，使物质代谢水平提高，以保证运动时有较充分的能量供应。

克服内脏器官生理惰性

（1）准备活动可以提高心血管系统和呼吸系统的机能水平，使肺通气量及心血输出量增加。
（2）可以使心肌和骨骼肌的毛细血管扩张，使其工作肌获得更多的氧，从而克服内脏器官的生理惰性，使之尽快达到最佳状态。

增加皮肤毛细血管血流量

准备活动可以使皮肤毛细血管的血流量增加，运动后毛细血管扩张，有利于散热，降低体温，有效防止开始正式活动时由于体温过高而影响运动能力。

准备活动要求

准备活动时间

（1）准备活动的时间可以根据运动项目的具体情况确定，一般以10～30分钟为宜。

（2）准备活动与正式运动的间隔时间，一般以不超过15分钟为宜，可以在做完准备活动后立刻进行正式运动。

准备活动强度

（1）准备活动的强度和量应较正式运动小，以免引起不必要的疲劳。

（2）准备活动的量可以由心率来决定，心率以100～120次／分为宜。

准备活动内容

一般性准备活动

一般性准备活动的内容多以伸展运动开始，然后进行一般性的跑步、徒手体操等活动。

下面介绍一套常用的一般性准备活动操，供锻炼者运动前使用。这套活动操主要包括头部运动、肩部运动、扩胸运动、体侧运动、体转运动、髋部运动和踢腿运动等。

图 2-3-1

头部运动

头部运动的动作方法（见图 2-3-1）：两手叉腰，两脚左右开立，做头部向前、向后、向左、向右，以及绕环运动。

肩部运动

肩部运动的动作方法（见图 2-3-2）：手扶肩部，屈臂向前、向后绕环，以及直臂绕环。

图 2-3-2

扩胸运动

扩胸运动的动作方法（见图 2-3-3）：屈臂向后振动及直臂向后振动。

体侧运动

体侧运动的动作方法（见图 2-3-4）：两脚左右开立，一手叉腰，另一臂上举，并随上体向对侧振动。

体转运动

体转运动的动作方法（见图 2-3-5）：两脚左右开立，两臂体前屈，身体向左、向右有节奏地扭转。

髋部运动

髋部运动的动作方法（见图 2-3-6）：两脚左右开立，两手叉腰，髋关节放松，向左、向右 360 度旋转。

图 2-3-3

踢腿运动

踢腿运动的动作方法（见图 2-3-7）：两臂上举后振，同时一腿向后半步，重心置于前腿，两臂下摆后振，同时向前上方踢腿。

图 2-3-4

图 2-3-5

图 2-3-6

图 2-3-7

专门性准备活动

专门性准备活动的动作方法、节奏和强度等与正式锻炼相似，目的是使人体主要肌群在运动前得到动员，为正式锻炼做好准备。

运动后放松

运动后放松是指运动之后所进行的一些能够加速机体功能恢复的、较轻松的身体活动。与运动前准备活动相反，其目的是使锻炼者的生理机能水平逐步得到恢复。

放松方法

运动性手段

（1）运动结束后，锻炼者可采用变换运动部位的方法来消除疲劳，如上肢出现疲劳时可做一些慢跑运动，下肢出现疲劳时可做一些上肢运动。

（2）转换运动类型也是一种不错的放松方法，如打羽毛球出现疲劳时，可从事瑜伽运动来达到放松的目的。

（3）还可以用调整运动强度的方法来缓解疲劳，如可以在放松过程中，采用小强度的轻微运动方法等。

整理活动　见图 2-3-8

（1）整理活动是指运动后所做的一些能够加速机体功能恢复的身体活动，如剧烈运动后进行 3～5 分钟慢跑或其他整理活动，使身体机能得以恢复。

（2）剧烈运动后如不做整理活动而骤然停止动作，会影响氧气的补充和静脉血的回流，使机体血压降低，引起不良反应。

图 2-3-8

 注意事项

（1）在进行整理活动时动作应缓慢、放松，运动量不要过大，否则会引起新的疲劳。

（2）在进行整理活动时，应当保持心情舒畅、精神愉快。

 自我养护

锻炼后，锻炼者感觉身体疲劳是一种正常的生理现象，是体育锻炼过程中的正常反应，随着体育锻炼时间的延长，疲劳症状会自然消失。运动性疲劳出现后，锻炼者如果采用一些自我养护措施，可以加速身体机能的恢复，尽快消除疲劳，提高锻炼效果。常见的自我养护方法主要包括运动后休息、合理营养和物理手段等三种。

 运动后休息

静止性休息 见图 2-3-9

（1）静止性休息是指锻炼者运动后保持机体相对的静止状态，以促进身体机能的恢复，尽快消除疲劳。

（2）静止性休息的最佳方式之一是睡眠，特别是刚开始从事锻炼

者，身体不适应或疲劳症状明显时，更应该保证足够的睡眠，否则，锻炼者虽然积极参加了体育锻炼，但收效甚微，甚至会导致过度疲劳症状的发生。

（3）静止性休息更适合于消除全身运动导致的整体疲劳症状。

图 2-3-9

积极性休息　见图 2-3-10

（1）积极性休息更适合由于少量肌肉群参与工作而导致的局部疲劳，或运动强度较大而导致的快速疲劳。

（2）积极性休息可以加速血液循环，有利于代谢物排出体外，对促进身体机能的恢复具有明显的效果。

图 2-3-10

合理营养 见图2-3-11

小强度、长时间的运动形式，主要是靠糖原的有氧代谢提供能量。运动后应及时补充淀粉类食物，如面粉、大米等，以促进消耗糖原的合成。随着人民生活水平的提高，在饮食结构中，肉类食品的比重不断增加，而淀粉类食品的比重逐渐减少，这一现象应当引起人们的注意，特别是老年人参加体育锻炼，更应注意对淀粉类食物的补充。

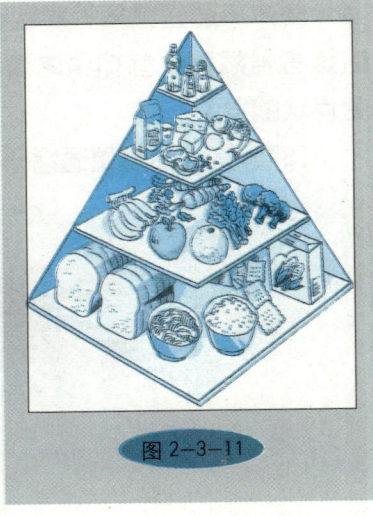

图2-3-11

强度较大、时间又相对较长的运动形式，主要是靠糖原的无氧代谢提供能量。这样，糖原无氧代谢产物——乳酸便会在体内大量堆积。因此，运动后应多补充蔬菜、水果等碱性食品，以加速乳酸的清除，达到尽快消除疲劳的目的。

物理手段

按摩及牵拉 见图2-3-12

（1）通过刺激神经末梢、皮肤结缔组织和毛细血管的按摩方法，可以使紧张的肌肉得以放松，从而改善局部组织和全身的血液循环，达到促进身体机能恢复的目的，这种方法可以在锻炼后马上进行。

（2）此外，还可以采取缓慢牵拉肌肉的方法，使收缩的肌肉得到充分的伸展放松。

水疗及电疗

（1）水疗包括芬兰式蒸汽浴、热水浴和桑拿浴等多种形式，主要作用是通过提高体温，促进血液循环，清除代谢物，以达到尽快消除疲劳、恢复体力的目的。

（2）水疗的时间一般以不超过30分钟为宜，如果时间过长，会进一步消耗体力，严重时甚至会出现暂时性脑缺血现象。

（3）如果条件允许，还可对疲劳的肌肉进行低频治疗。低频治疗仪的原理是模拟针灸疗法，使用时将电极用不干胶对称地粘贴在运动部位表皮上。这种疗法可以促进局部血液循环，改善组织代谢，缓解肌肉酸痛，消除疲劳。

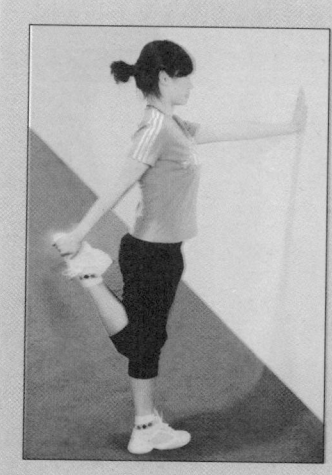

图 2—3—12

第三章 基本技术

基本技术是对乒乓球运动练习者主要训练技术的概括。规范化与合理化是对技术动作外形与实质的要求。规范化是乒乓球运动的基础,合理化是乒乓球运动的延伸,规范化有助于合理化的发展,它们对练习者今后的发展影响极大。基本技术包括握拍方法、站位与基本姿势、攻球技术、搓球技术、推挡技术、弧圈球技术、发球技术和削球技术等。

第一节 握拍方法

乒乓球握拍方法与击球动作有着密切的关系，它在相当程度上影响着每个练习者的技术特点。目前世界上流行的握拍方法不外有两种：一是直握拍，二是横握拍。不同的握拍方法，各有优缺点，从而也就产生了各种不同的打法。不同的握拍方法和不同的打法在世界乒坛上各占有一定的地位，因此在我国开展乒乓球运动的过程中，既发展直握拍，也提倡横握拍，二者相互促进，这有利于乒乓球运动技术的不断提高。值得注意的是，随着现代乒乓球运动技术的发展，直握拍选手为了提高回接弧圈球的稳定性，有将球拍握得更深、更紧的趋势，而横握拍选手为了增加发球和台内球的灵活性，多将球拍握得较浅而松。

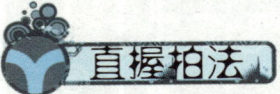

直握拍法

直握拍法的特点是正反手都用球拍的同一面击球，一般情况下，不需两面转换，出手较快；正手攻球快速有力，攻斜、直线球时拍形变化不大，对手不易判断，便于从速度、球路和力量上取得主动；手腕动作灵活，发球可做较多变化。但反手攻球时，因受身体阻碍，较难掌握，不易起重板；攻削交替时手法变化大，会影响击球速度和准确性；防守时照顾面积较小。

动作方法　见图3-1-1

拍柄紧贴虎口中央，拇指第一关节压住球拍左肩，食指第二关节压住球拍右肩，拇指、食指间距适中，中指、无名指、小指三指叠起，自然弯曲，抵住球拍背面。

技术要点

(1) 直握球拍时，前面的拇指和食指主要用于调整拍形、转换击球

方式,而后面的三指则起到辅助和支撑作用;

(2)中指是将击球力量作用于球的主要传递者,发力瞬间必须用力顶住球拍背面。中指同时又是协调控制拍形的支点,当正手攻球或拉弧圈时,拇指压拍,食指相对放松;

(3)当反手攻球或推挡时,拇指相对放松,食指压拍。

错误纠正

执拍时易出现手指夹拍过紧或过松、手腕上翘、手与手臂呈夹角、小拇指过于紧张等问题。因此,拇指和食指间应有1～2厘米的距离,手与手臂持平,球拍略向下,小拇指处放松。

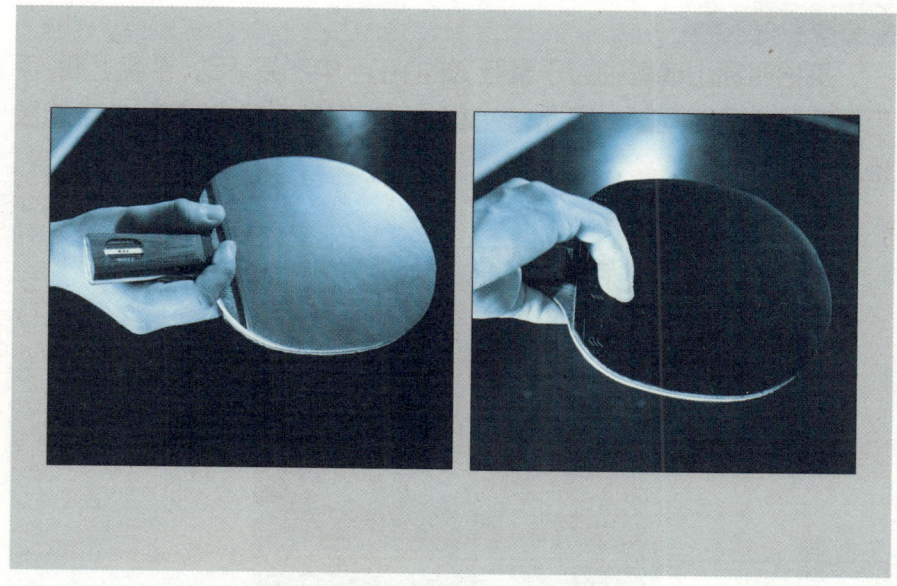

图 3-1-1

 横握拍法

横握拍法的特点是击球时照顾的面积比直握拍大,攻球和削球时握拍的手法变化不大;反手攻球不受身体阻碍,便于发力;削球时用力方便,易于发挥手臂的力量和掌握旋转变化。但在不定期击左右两面来球时,需要转动拍面,动作大,影响摆臂速度;攻直线球时,动作明显,易被对方识破;台内正手攻球较难掌握。

动作方法

见图 3-1-2

拍柄置于虎口中央,用中指、无名指、小指抓住,自然地握住拍柄,拇指在球拍的正面轻贴在中指旁边,食指自然伸直,斜放于球拍背面。

技术要点

(1)正手攻球时,食指压拍,以拇指第一指节作为支点,与中指协调控制拍形,并传递击球的力量,甚至可将食指略向球拍中部移动,以使其压拍的用力点与球拍正面的击球点更为接近;

(2)反手进攻时,则是以食指根部关节为支点,拇指压拍控制拍形,传递击球力量。同样,也可令拇指略向上移,接近正面的触球点。

错误纠正

执拍时易出现握拍过于紧张,球拍在手中不易活动,手腕上翘、手与手臂呈夹角等问题。因此,应放松手指,握拍后略向下垂,使手腕放松。

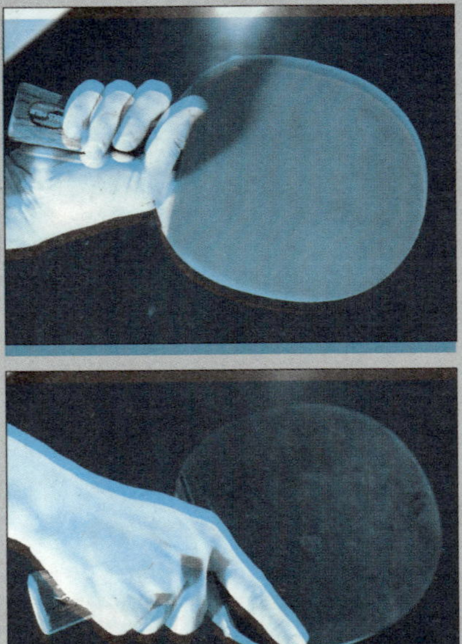

图 3-1-2

第二节 站位与基本姿势

乒乓球的基本站位应当根据个人的不同类型打法来确定。基本站位与个人打法特点相适应,则有助于发挥其技术之所长。可以说,站位恰当与否,对练习者乒乓球技术特长发挥的好坏有很大影响。

动作方法

见图 3-2-1

（1）以右手执拍为例,两脚平行站立（脚尖指向平行）,提踵、前脚掌内侧用力着地,两脚间距离略比肩宽；

（2）两膝略屈并略内扣,上体略前倾,重心置于两脚之间；

（3）右手执拍,手臂置于身体右侧,肘略外张,手腕放松,将球拍向左呈半横状,保持球拍置于腹前,离身体约 20~30 厘米；

技术要点

做到"注视来球,上体略倾,屈膝提踵,重心居中"。

错误纠正

站立时易出现两脚不平行、外展,膝盖没弯曲,重心在后脚掌甚至脚跟上,腰背挺直等问题。因此,两脚应平行或略内扣,膝盖略屈,脚跟略抬,两脚前脚掌内侧蹬地,上体前倾,略含胸。

图 3-2-1

第三节 攻球技术

攻球技术是乒乓球运动的重要技术之一，是进攻选手争取主动、克敌制胜的重要手段。攻球技术包括正手快攻、正手扣杀、正手挑短球和反手快攻等。

正手快攻

正手快攻是乒乓球攻球技术中的重要组成部分，具有快速有力的特点，能体现积极主动、快速进攻的指导思想。比赛时，正手快攻运用得好，就能使自己处于主动，对方陷于被动。因此，无论采取什么打法，都必须很好地掌握这项技术。

击球前

动作方法　见图 3-3-1

（1）左脚略前，离身体约 50 厘米；

（2）引拍手臂自然弯曲，内旋，使拍面略前倾，以前臂后引为主（幅度小），将球拍引至身体右侧后方；

（3）手臂向左前方迎球。

技术要点

手腕配合前臂内旋转动做内收，食指放松，拇指略用力压拍，使球拍前倾。

错误纠正

练习时易出现对发球方落点判断错误，击球时重心在左脚掌甚至是脚跟上，阻碍脚步的灵活移动等问题。因此，应把重心放在两脚前脚掌的内侧，并注意屈膝。

图 3-3-1

击球时

动作方法　见图 3-3-2

（1）当来球跳至上升期，拍面略前倾，击球中上部；

（2）在上臂带动下，前臂快速向左前上方挥动，手腕配合外展。

技术要点

（1）以前臂发力为主，手腕辅助用力；

（2）击球点在身体右前侧（大约为前臂的长度），触球瞬间向前击打，略向上摩擦。

错误纠正

击球时易出现执拍手臂过于紧张或以肩关节为轴左臂挥动、击球时机掌握不好、挥拍击球前拍面上仰等问题。因此，应放松手臂，在进行正手快攻时应击球的上升期，击球前球拍略向前倾，内旋手腕，拇指略用力。

图 3-3-2

击球后

动作方法　见图3-3-3

（1）手臂继续向左前上方随势挥动后，迅速还原，呈击球前的准备姿势；

（2）发力主要部位以前臂为主，动作过程中身体重心从右脚移至左脚。

技术要点

充分利用全身，协调用力（蹬地、转腰、移重心）。

错误纠正

练习时易出现击球后肘关节抬起、重心未随挥拍移动等问题。因此，应让上臂靠近躯干，改掉抬肘习惯，多做正手快攻的徒手练习，并与身体重心移动配合练习。

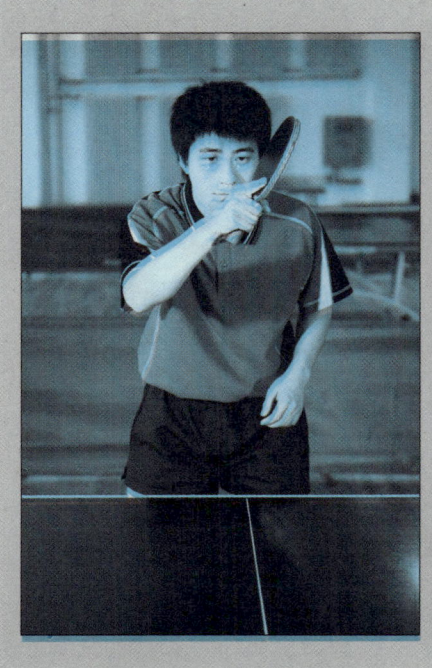
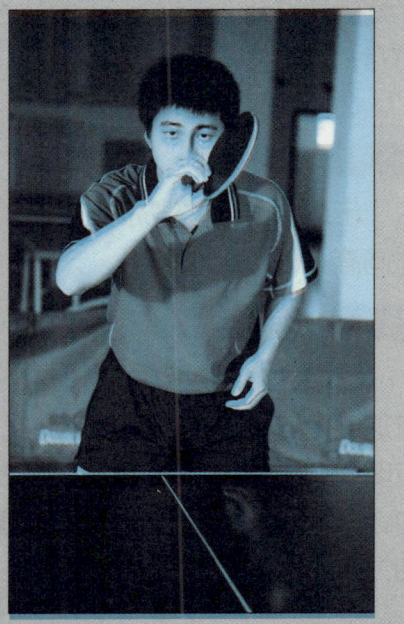

图3-3-3

 正手扣杀

正手扣杀的特点是站位近、动作较大、力量重、球速快、攻击性强。正手扣杀大都是在其他技术取得主动和优势的情况下，对方回接出半高球时运用，威力较大，是比赛中得分的重要手段。

击球前

动作方法　见图3-3-4

（1）站位近台，左脚略前；
（2）手臂自然弯曲，做内旋，使拍面略前倾，随着腰、髋部的转动，手臂向后移动，将球拍引至身体右后方；
（3）手臂向前迎球。

技术要点

击球点离身体略远，球拍应与球同高。

错误纠正

练习时易出现引拍动作过小、击球点离身体过近等问题。因此，应明确打球并非仅仅是用手臂发力，特别是扣杀技术，腰、髋和腿部的力量更为重要。

图 3-3-4

击球时

动作方法　见图 3-3-5

当来球跳至高点期，上臂带动前臂，同时加速向左前下方发力挥动，腰、髋部向左转动，配合发力，拍面前倾，击球中上部。

技术要点

上体略后仰，在高点期击球。

错误纠正

练习时易出现只用手臂击球，没有腰、髋和腿部的配合，尽管用力不小，但扣杀球的力量不大等问题。因此，应明确加大引拍距离，反复做扣杀技术的徒手动作练习。

图 3-3-5

击球后

动作方法 见图 3-3-6

（1）手臂继续向左前下方随势挥动后，迅速还原，呈击球前的准备姿势；

（2）发力主要部位以上臂、前臂为主，腰、髋部配合，做动作过程中身体重心从右脚移至左脚。

技术要点

手臂、手指、手腕放松，才能增加击球的爆发力，有利于还原。

错误纠正

练习时易出现重心过于靠前，不利于还原等问题。因此，手臂在引拍时应后拉，增加球拍与来球之间的距离，便于发力。

图 3-3-6

正手挑短球

正手挑短球的特点是站位近、动作小、球速快。击球在台内,回球突然性强,易造成对方回球准备不足,回球过高等问题,可以为主动上手创造条件。

击球前

动作方法 见图 3-3-7

(1)站位近台,左脚略前;
(2)持拍手同侧脚向前迈一步;
(3)手臂前迎,球拍伸入台内。

技术要点

右脚主动大幅度向前朝球台下面迈出。

错误纠正

接球时易出现身体下坐或后仰，击球点离身体过远，回球下网等问题。因此，持拍手臂同侧脚应单步向来球台下上步，身体前倾，重心前移并略提高。

图 3-3-7

▼ 击球时

动作方法　见图 3-3-8

在身体前迎期间，右肩和击球手臂向前送，手臂几乎伸直。

技术要点

（1）如果来球是下旋球，接触球的中部偏下，略加摩擦；

（2）如果来球是上旋球，接触球的中部偏上，以前臂和手腕发力为主，多用击打动作，保持球的速度。

错误纠正

练习时易出现手腕过于灵活、击球时拍面未对准来球、接触球的侧面、回球下网或向侧偏出台等问题。因此，应做手腕固定挑球练习，体会前臂、手腕协同发力的挑球动作。

图 3-3-8

击球后

动作方法 见图 3-3-9

手臂继续向左前上方随势挥动,腕关节弯曲,身体重心移至右腿。

技术要点

手臂、手指、手腕放松,才能增加击球的爆发力,有利于还原。

错误纠正

击球后易出现重心过于靠前,不利于还原等问题。因此,应加强步法和手臂击球时配合的协调性发力。

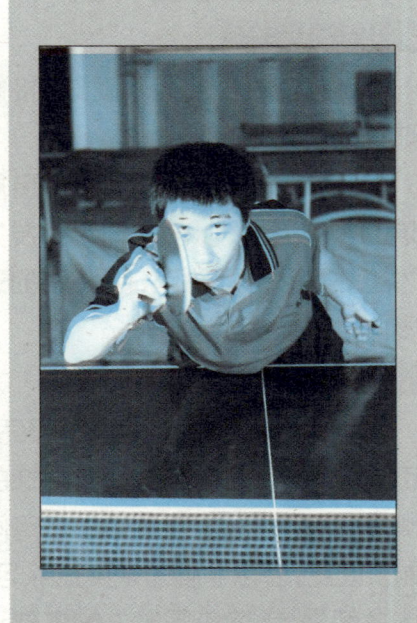

图 3-3-9

反手快攻

反手快攻的特点是站位近、动作小、球速快、落点活、带上旋。练习时，可以借来球的反弹力提高球速，创造扣杀机会，是两面攻打法的重要技术之一。左推右攻选手也应具备一定的反手快攻技术。

击球前

动作方法 见图 3-3-10

（1）右脚略前，几乎呈开立平站，身体离台约 50 厘米；

（2）手臂自然弯曲并外旋，使拍面略前倾，上臂、肘关节自然靠近身体，屈手腕、内收，将球拍引至腹前偏左位置；

（3）前臂向右前方迎球。

技术要点

食指用力控制拍面角度。

错误纠正

练习时易出现站位错误，两脚平行和右侧站位等问题。因此，应做到右脚略前，左脚略后，略向左侧转身。

图 3-3-10

击球时

动作方法　见图 3-3-11

当来球跳至上升期,肘关节内收,前臂加速向右前上方发力并外旋,手臂同时配合做伸和外旋动作,拍面略前倾,击球中上部。

技术要点

(1)手腕控制拍面前倾,借来球反弹力将球拨回;

(2)掌握好击球时间。

错误纠正

练习时易出现拍面角度过于前倾和后仰等问题。因此,应用多球先练习固定拍面击球,再练习调节拍面角度的击球。

图 3-3-11

击球后

动作方法 见图3-3-12

（1）前臂继续向前上方随势挥动后，迅速还原，呈击球前的准备姿势；

（2）发力主要部位以前臂为主，肘关节加速内收，配合动作过程中身体重心从左脚移至右脚，或基本置于两脚上。

技术要点

注意线路落点变化，并与突击结合运用，为进攻创造条件。

错误纠正

练习时易出现攻球后肌肉放松慢、挥拍后还原慢、动作不协调等问题。因此，应多做徒手模仿练习，体会击球后顺势前送的肌肉收缩和放松动作。

图3-3-12

第四节 搓球技术

搓球是乒乓球运动中一项具有较长历史的基本技术。其特点是站位近、动作小，多在回击短球时采用。由于其具有旋转、速度、落点变化，常用于接发球或搓球过渡，为进攻创造机会。搓球技术包括正手快搓、反手快搓和正手快摆技术等。

正手快搓

正手快搓是指练习者用正手在来球的上升期搓击球的技术动作。常能起到干扰对方攻击,争取主动的作用。

击球前

动作方法　　见图3-4-1

(1)左脚略前,身体离球台约40厘米;

(2)手臂外旋,使拍面角度略后仰,后引动作小,前臂向右上方提起,将球拍引至身体右前上方;

(3)手臂向左前下方迎球。

技术要点

身体靠近球台,身体重心适当提高,上体略前倾。

错误纠正

练习时易出现球拍没有上引、前臂动作不明显等问题。因此,应反复进行前臂和手腕先向上引、再向下切的挥拍模仿练习。

图3-4-1

击球时

动作方法　见图3-4-2

当来球跳至上升期,利用上臂前送的力量,借助对方来球前进力,前臂、手腕向左前下方用力,拍面略后仰,击球中下部。

技术要点

在体前侧面击球。

错误纠正

击球时易出现拍面后仰不够、球拍与球接触部位不准、未击到球的中下部等问题。因此,应用慢搓回接对方发来的下旋球,体会拍面后仰前送的动作。

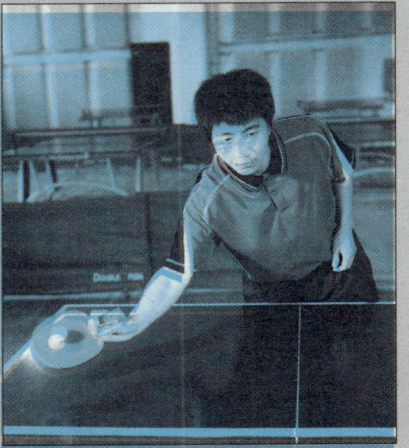

图3-4-2

动作方法　见图 3-4-3

（1）手臂继续向左前下方随势挥动后，迅速还原，呈击球前的准备姿势；

（2）发力主要部位以手臂向前借力还击，动作过程中身体重心从右脚移至左脚。

技术要点

应加强对来球的反应判断，以便迅速作出还原动作。

错误纠正

练习时易出现击球后前臂前送不够等问题。因此，可以先由二人做慢搓练习，体会击球后手臂前送动作。

 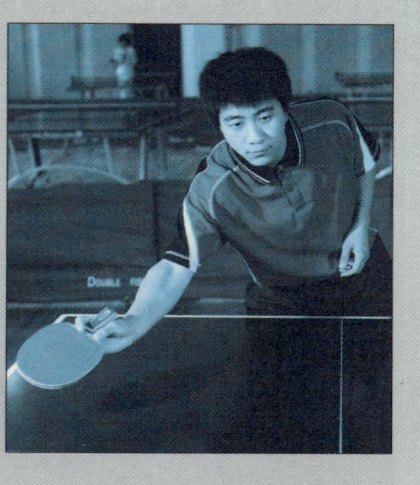

图 3-4-3

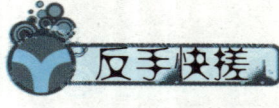

反手快搓指练习者用反手在来球的上升期搓击球的技术动作。因其回球时间早，能借助来球的前进力回击。

▼ 击球前

动作方法　见图3—4—4

（1）右脚前移，身体离球台约40厘米；

（2）手臂自然弯曲并内旋，使拍面角度略后仰，后引动作小，前臂向左上方提起，将球拍引至身体左前上方；

（3）手臂向右前下方迎球。

技术要点

要求前臂外旋，手腕前伸，放松拇指，食指和中指略用力，保持球拍略后仰。

错误纠正

引拍时易出现拍面过于后仰、出高球或球不过网等问题。因此，应注意动作规范，体会动作要领。

基本技术

图 3-4-4

击球时

动作方法 见图 3-4-5

当球跳至上升期时，利用手臂前送的力量，借助对方来球的前进力，前臂、手腕向右前下方用力，拍面略后仰，击球中下部。

技术要点

搓球动作不宜过大，要充分利用前臂和手腕转动的力量。

错误纠正

搓球时易出现手腕太活、拍形不好固定、搓球时机错误、拍形过于后仰、搓球部位偏下、球不过网等问题。因此，应用手腕控制好拍形，以前臂带动手腕搓球，用多球练习搓球时机，搓球时球拍后仰，搓球的中下部。

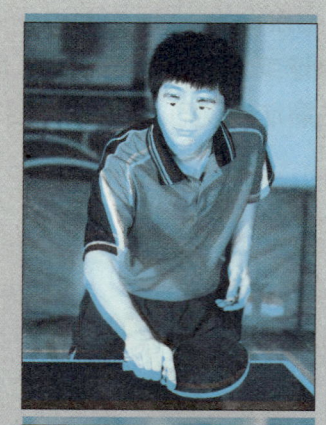

图 3-4-5

击球后

动作方法 见图 3-4-6

（1）手臂继续向前下方随势挥动后，迅速还原，呈击球前的准备姿势；

（2）发力主要部位以手臂前送借力还击，击球动作过程中身体重心从左脚移至右脚。

技术要点

手腕要相对固定。

错误纠正

练习时易出现球触拍面积太小、摩擦力小、旋转性差、手脚配合不协调、动作僵硬等问题。因此，应尽量使球摩擦整个拍面，在摩擦瞬间加力，注意手脚配合与身体协调用力。

图 3-4-6

正手快摆技术

快摆技术也叫摆短技术,它能有效地抑制对方的进攻。

击球前

动作方法　见图 3-4-7

(1)身体离球台约 40~50 厘米,站位在球台中间或偏右,两脚开立,比肩略宽,重心略提起;

(2)上体前迎,手臂前伸;

(3)球拍略后仰,拍面正对前方。

✳ **技术要点**

持拍手臂同侧脚单步向来球上步。

✳ **错误纠正**

接球时易出现身体下坐或后仰、击球点离身体过远、回球下网等问题。因此，正手快摆时，持拍手臂同侧脚应单步向来球台下上步，身体前倾，身体重心前移并略提高，使击球点与面部近些。

图 3-4-7

击球时

动作方法　见图 3-4-8

击球手臂在肘关节处伸展,手臂动作沿着水平方向从后向前进行,在球的上升期击球,接触球的中下部。

技术要点

(1)击球时,身体前倾靠近球台;
(2)击球瞬间略用力握住球拍,向前下方用力,发力短促。

错误纠正

练习时易出现拍面偏向未持拍手一侧、接触球的侧面、回球下网等问题。因此,应使持拍手臂、手腕迎前击球时略外展,使球拍对准来球,向前下方用力,不要接触球的侧面。

图 3-4-8

击球后

动作方法　见图 3-4-9

在触球后突然停止击球动作。

 **技术要点**

拍面处于打开位置。

错误纠正

练习时易出现回球下网等问题。因此,应在击球瞬间略用力握住球拍,向前下方用力,握拍用力时保持紧张,不要过松。

图 3-4-9

第五节 推挡技术

推挡球是推球和挡球的总称,推挡球站位近、动作小、速度快、落点变化多,也有一些旋转变化,是左推右攻型打法的主要技术之一,也是其他类型打法不可缺少的技术。各种推挡技术配合使用时,能利用速度、落点和旋转变化,争取主动并创造进攻机会。在被动或相持时,可起到积极防守的作用,可变被动、相持为主动。推挡技术包括反手推挡和反手推下旋等。

反手推挡指练习者用球拍借助对方来球的反弹力量,结合本身的击球推击力量,进行挡击的一种技术。

动作方法 见图3-5-1

(1)身体离球台约40~50厘米,站位在球台中间或偏左,两脚开立,比肩略宽,右脚略前或两脚平站,两膝略屈,收腹含胸,上体略向左转;

(2)右臂自然弯曲,引拍至身体前方或略偏左,同时前臂外旋,使拍形接近垂直;

(3)来球从台面弹起后,前臂向前,以拍迎球。

技术要点

引拍时,上臂应靠近身体。

错误纠正

练习时易出现中指顶拍背、前臂外旋、转动手腕向前上方用力、在来球上升期触球中上部或中部等问题。因此，应改进握拍，并使大拇指放松，食指用力。

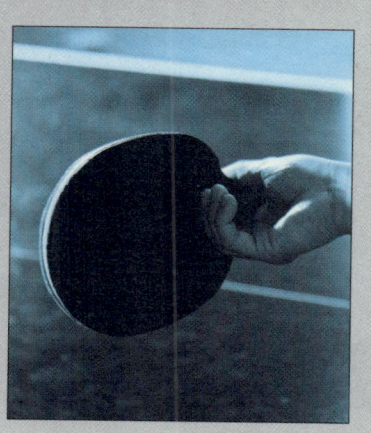

图 3-5-1

▼ 击球时

✿ 动作方法　见图 3-5-2

　　在来球的上升期，以接近垂直的拍形推击球的中部，击球瞬间只以前臂和手腕轻轻用力，主要借助来球的反弹力将球挡回。

技术要点

前臂前伸近球,以手腕、手指调节拍形,食指用力,拇指放松。

错误纠正

挡球时易出现判断球的落点不准、拍形掌握不好等问题。因此,应提高判断能力,加强手腕的灵活性和调节拍形的能力。

图 3-5-2

 击球后

动作方法　见图 3-5-3

(1)手臂随势向前挥动后,迅速还原,呈击球前的准备姿势;
(2)做动作过程中,身体重心放在两脚上。

技术要点

前臂尽量伸直,用力向前上方挥动。

错误纠正

　　练习时易出现击球拍后仰，用力向下切击球使回球下旋，击球点离身过远，造成动作不协调等问题。因此，应改进握拍，使大拇指放松，食指用力，站位近台，反复体验推击动作。

图 3-5-3

反手推下旋

反手推下旋力量轻、动作小,能减弱来球的反弹力。一般在对方来球力量大或上旋强烈(特别是在对方站位较远)的情况下使用,能调动对方前后奔跑,取得主动。

击球前

动作方法 见图 3-5-4

(1)身体离球台约 50 厘米,站位在球台中间或偏左,两脚平站或右脚略前,两膝略屈,收腹含胸,身体向前或略向左转;

(2)右上臂和肘关节靠近身体右侧,前臂外旋并向上提起,引拍至身前或偏左,与球网同高或略高,拍面略前倾;

(3)来球飞越球网时,上臂、前臂和手腕向前,挥拍迎球,同时腰、髋部向左转动。

技术要点

球拍后撤上引是为了增大用力距离。

错误纠正

练习时易出现上臂与身体夹角过小等问题。因此,应放松肩部,加大上臂与身体的距离。

图 3-5-4

击球时

动作方法　见图 3-5-5

在来球的上升后期或高点期，以前倾拍形推击球的中下部。击球瞬间，上臂、前臂和手腕向前下方发力推压，腰、髋部协助用力。

技术要点

（1）击球点适当离身体远一点；
（2）击球时间不宜过早或过迟。

错误纠正

挡球时易出现未迎前击球、球出界或下网等问题。因此，应用前脚掌内侧用力蹬地，使身体重心前倾，保证击球的稳定性。

图 3-5-5

击球后

动作方法　见图 3-5-6

（1）手臂随势向前下方挥动后，迅速还原，呈击球前的准备姿势；
（2）身体重心从左脚移到右脚上。

技术要点

要有效地把身体各部分的力集中在击球的一瞬间。

错误纠正

推下旋球时易出现手臂没有向前伸展出去等问题。因此,应在击球后,上臂和肘关节前送,并配合上体向左移动。

图 3-5-6

第六节 弧圈球技术

弧圈球技术是一种带有强烈上旋的攻球技术,它能够制造适当的弧线,回击低而强烈的下旋球,命中率高,落台后前冲力大,攻击性强。比赛中,既可以用弧圈球技术主动攻击,又可在相持或被动时作为过渡技术。在回击低球和下旋球时比较稳健。弧圈球技术包括正手加转弧圈球、正手前冲弧圈球、横拍反手加转弧圈球和横拍反手前冲弧圈球等。

正手加转弧圈球

正手加转弧圈球,球的飞行弧线高,上旋强,球速比较慢,球在落点后下沉速度快,是应对下旋球的有效技术。

击球前

动作方法
见图 3-6-1

（1）站位离球台约 60 厘米，左脚略前，身体重心放在右脚上，两膝略屈，收腹含胸，身体略向右转；

（2）右肩下沉，自然屈肘，前臂后引并下沉，将拍引至身体右后下方，同时前臂内旋，使拍面略前倾；

（3）待来球弹起飞到高点期时，在上臂带动下，以前臂为主向前上方挥拍迎球。与此同时，右侧腰、髋部向左上方转动。

技术要点

身体重心略下降，右肩略下沉。

错误纠正

练习时易出现引拍后拉球前手臂过于紧张、形成夹角，引拍时肘关节没打开，靠肘部向后引拍，引拍过于向后，无限制向后摆动等问题。因此，前臂应放松、打开，积极引拍，引拍至右侧下方即制动。

图 3-6-1

击球时

动作方法　见图3-6-2

(1) 在来球的下降期,以略前倾拍形击球的中部偏上;

(2) 球拍击球瞬间,右脚前脚掌蹬地,右侧腰、髋部向左上方转动、助力,前臂在上臂带动下向左前上方发力摩擦击球;

(3) 充分运用手腕的力量,使球强烈上旋。

技术要点

(1) 在球的下降前期击球,不可太低于台面;

(2) 触球时应尽量增大摩擦球体的面积和时间。

错误纠正

击球时易出现摩擦力小、冲击力大、球的旋转差、重心跟不上、单纯以手臂用力等问题。因此,应使向上的力大于向前的力,重心随执拍手走。

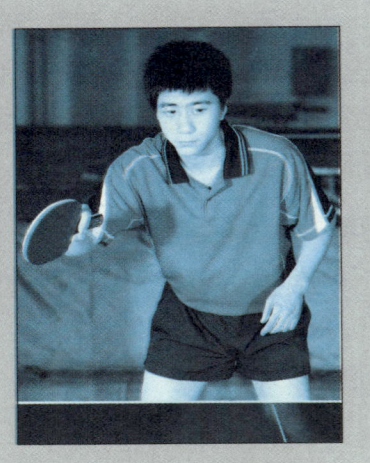

图3-6-2

▼ 击球后

❋ 动作方法   见图 3-6-3

（1）手臂随势向左前上方挥动后，迅速还原，呈击球前的准备姿势；

（2）做动作过程中，身体重心从右脚移到左脚。

❋ 技术要点

击球后动作应尽量放松。

❋ 错误纠正

练习时易出现拉球动作僵硬或触球后突然停顿，影响拉球动作的连贯性和技术质量等问题。因此，应在肌肉放松的前提下，做拉弧圈球的徒手练习，体会动作要领。

图 3-6-3

正手前冲弧圈球

正手前冲弧圈球，弧线低而长，上旋强、球速快、有一定力量，弹起后前冲力大，并向下滑，是以打弧圈球技术为主的练习者的主要得分手段。

击球前

动作方法 见图3-6-4

（1）站位根据来球位置而定，左脚略前，身体重心放在右脚上，两膝略屈，收腹含胸，腰、髋部和上体略向右转；

（2）上臂带动前臂后引并下沉，将拍引至身体右侧下方，约与球台齐高，同时前臂内旋，使拍面前倾；

（3）待来球弹起后，以前臂为主，向前上方挥拍迎球，同时腰、髋部带动上体略向左转动。

技术要点

引拍的幅度要大，尽可能增大挥拍的动作及半径。

错误纠正

练习时易出现引拍幅度太小等问题。因此，应尽量加大引拍幅度。

图 3-6-4

击球时

动作方法 见图 3-6-5

（1）在来球的高点期或下降前期，以前倾拍形迎击球的中上部；

（2）球拍击球瞬间，以前臂为主，向前上方发力摩擦击球，注意运用手腕的动作和力量，使球强烈上旋。

技术要点

（1）加快挥拍速度，在球拍达到最大速度时触球；

（2）摩擦力大于撞击力，球拍与球的吻合面要适当，防止打滑。

错误纠正

球拍触球时易出现单纯用上肢发力，前冲力不强，摩擦不住球，致使球没有弧线和速度等问题。因此，应注意腿、髋和腰部的配合，集中发力，在迎球挥拍过程中，手臂保持适当的放松，以利于前臂的瞬间发力。

图 3-6-5

击球后

动作方法　见图 3-6-6

(1) 手臂随势向前上方挥动后，迅速还原，呈击球前的准备姿势；

(2) 做运动过程中，身体重心从右脚移至左脚。

技术要点

发力方向是向前为主，略带向上。

错误纠正

练习时易出现击球后重心过于向前，不利于拉球的连续性等问题。因此，应在肌肉放松的前提下，做拉弧圈球的徒手练习，体会动作要领。

图 3-6-6

横拍反手加转弧圈球

横拍反手加转弧圈球主要用于接下旋发球、发球抢拉、搓中转拉及应对一般的攻球。

击球前

动作方法 见图 3-6-7

（1）身体离球台约 60 厘米或略远，站位在球台中间或偏左，右脚略前或平行站立，身体重心放在两脚上，两膝略屈，腰、髋部与上体略向左转；

（2）右臂自然屈曲，前臂左引并下沉，将球拍引至身体左侧下方，同时前臂外旋，使拍面略前倾；

（3）待来球弹起飞到高点期时，手臂向上并略向前挥拍迎球，同时腰、髋部向右上方移动。

技术要点

引拍时，球拍必须低于来球，但不要下沉太多。

错误纠正

练习时易出现击球点过早、有力用不上、拍面过于前倾、球容易下网等问题。因此，应在练习反手加转弧圈球时找准击球时间和击球点，用一个固定下来的击球拍形。

图 3-6-7

击球时

动作方法

见图 3-6-8

（1）在来球的下降期，以略前倾拍形迎击球的中部略偏上；

（2）球拍击球瞬间，以前臂为主，向上并略向前发力摩擦击球，同时脚跟上提，使腰、髋部向右上方转动、助力，以使球强烈上旋。

技术要点

（1）拉球时，执拍手臂由下向上发力，前臂快速收缩，触球瞬间，尽量加长摩擦球体的时间；

（2）身体重心随右脚蹬地、转腰、挥臂而提高。

错误纠正

击球时易出现手腕用力过大，失去对球的控制，影响命中率等问题。因此，应强调通过两脚重心交替、转体来带动手臂挥拍。

图3-6-8

击球后

动作方法　见图3-6-9

手臂随势向前上方挥动后，迅速还原，呈击球前的准备姿势。

技术要点

身体重心略上提前移，并转至右脚。

错误纠正

练习时易出现拉球后球拍运行轨迹太高等问题。因此，应适当增加向前的弧线。

图3-6-9

横拍反手前冲弧圈球

横拍反手前冲弧圈球，弧线低而长，上旋强、球速快、有一定力量，弹起后前冲力大，并向下滑，是以打弧圈球技术为主的练习者的主要得分手段。

击球前

动作方法 见图 3-6-10

（1）站位根据来球位置而定，右脚略前，身体重心放在左脚上，两膝略屈，收腹含胸，腰、髋部与上体略向左转；

（2）右臂自然弯曲，肘部靠近身体，前臂向左后方移动，将拍引至身体左侧略偏下，同时前臂外旋，使拍面前倾；

（3）待来球弹起后，以前臂为主，向前并略向上挥拍迎球，同时腰、髋部带动上体向右转动。

技术要点

拍面应前倾，略高于台面。

错误纠正

练习时易出现击球点离身体过远或过近、挥拍过早、拍面前倾过大等问题。因此，击球瞬间，拍面方向、身体用力、击球点应保持在身体的右侧略前方处，这个击球点有利于身体重心的转换。

图 3-6-10

 **击球时**

🏵 **动作方法**　见图 3—6—11

（1）在来球的高点期或下降前期，以前倾拍形迎击球的中上部；

（2）球拍击球瞬间，以前臂为主，向前并略向上发力摩擦击球，同时注意运用手腕的动作和力量，使球强烈上旋。

🏵 **技术要点**

（1）在球的最高点或者球到达最高点之前的瞬间击球；

（2）击球手臂比较平地向前上方挥拍。

🏵 **错误纠正**

练习时易出现挥拍过于向前或前上方，导致没有一个适当的弧线，容易下网等问题。因此，应用拉上旋球的方法来纠正，多注意摩擦球的中上部。

图 3—6—11

 **击球后**

🏵 **动作方法**　见图 3—6—12

（1）手臂随势向前上方挥动后，迅速还原，呈击球前的准备姿势；

（2）做动作的过程中身体重心从左脚移到右脚上。

🏵 **技术要点**

充分利用肘关节的杠杆作用，先支肘，再收肘，借以增加前臂的挥摆幅度和力量。

错误纠正

击球后易出现身体向上提起过多等问题。因此，击球后应对身体重心有所控制。

图 3-6-12

第七节 发球技术

发球技术是乒乓球运动的重要技术，属于前三板技术之首。发球者可以完全根据自己的意志，以适当的力量、速度、线路、角度击到对方台面任何合法位置。它是许多练习者取胜的法宝，也是初学者必须掌握的技术之一。发球技术包括正手发平击球、正手发左侧下旋球、正手发左侧上旋球、反手发平击球、反手发右侧上旋球和反手发右侧下旋球等。

正手发平击球

正手发平击球速度一般,基本不旋转或略有上旋,是掌握其他复杂发球的基础技术。

击球前

动作方法 见图 3-7-1

(1)左脚略前,身体略向右转,左手掌心托球,置于身体右侧前方;

(2)左手将球向上抛起,同时右臂内旋,使拍面角度略前倾,向身体右后方引拍;

(3)右臂从身体右后方向右前方挥动。

技术要点

重心落在右脚,持球手与持拍手均置于身体右侧前方。

错误纠正

练习时易出现空间与时间感觉不好、击不到球等问题。因此,应多做徒手练习,体会两手在空间上的配合。

图 3—7—1

击球时

动作方法 见图 3—7—2

（1）当球从高点下降至略高于球网时，击球中上部，向左前方发力；

（2）球击出后第一落点在球台中央。

技术要点

拍形略前倾。

错误纠正

练习时易出现击球部位偏上、用力偏向下、球跳起太高、第一落点掌握不好、发不过网等问题。因此，应击球中上部，用力由右后略上到左下向前，第一落点要击到本方球台离自己近的三分之一处。

图 3—7—2

击球后

动作方法　见图 3-7-3

（1）手臂继续向左前上方随势挥动后，迅速还原；
（2）发力部位以前臂为主，动作过程中身体重心从右脚移至左脚。

技术要点

（1）拍头指向出球方向；
（2）迅速扭腰还原。

错误纠正

练习时易出现发球后挥拍动作没有到位、重心没有转换等问题。因此，应加强徒手模仿动作练习。

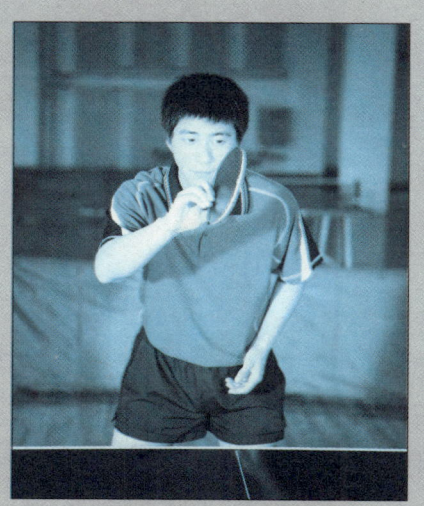

图 3-7-3

正手发左侧下旋球

正手发左侧下旋球指发球员在正手位由右向左下方挥拍摩擦球，对方平挡回接时，球向发球员的左侧下方飞出。

击球前

动作方法　见图 3-7-4

（1）站位左半台，左脚略前，身体略向右偏斜，左手掌心托球，置于身体右前方；

（2）左手将球向上抛起，同时右臂外旋，直握拍手腕前伸或横握拍手腕外展，使拍面方向略偏向左侧，向右上方引拍，腰部略向右转动；

（3）右臂从右上方向左下方挥动。

技术要点

横握拍发左侧下旋球时，最好将握拍柄的三个手指松开，以增加手腕的灵活性。

错误纠正

练习时易出现击球时间和空间位置掌握不好、第一落点离球网太近、不易过网等问题。因此，应多做徒手练习，体会击球空间位置和击球时机，第一落点应离端线近一些。

图 3-7-4

击球时

动作方法　见图 3-7-5

当球从高点下降至接近网高时，前臂加速向左侧挥摆。直握拍手腕略屈或横握拍手腕内收。腰部配合向左转，击球中部向左侧下方摩擦，根据发球长短调整球的第一落点远近。

技术要点

触球高度略高于网。

错误纠正

练习时易出现摩擦力度不够、与平击球混淆、用力方向不对、球上旋力较弱等问题。因此，应摩擦球的中上部，球拍前倾，摩擦力大于平击力。

图 3-7-5

击球后

动作方法 见图 3-7-6

(1) 手臂继续向左下方随势挥动后,迅速还原;

(2) 发力部位以前臂、手腕为主,腰部辅助,动作过程中身体重心从右脚移至左脚。

技术要点

击球后呈准备姿势站好。

错误纠正

练习时易出现重心没有转换、动作不协调、击球后动作没有做完等问题。因此,应加强徒手模仿练习,要求动作完整。

图 3-7-6

正手发左侧上旋球

正手发左侧上旋球指发球员在正手位由右向左上方挥拍摩擦球,对方平挡回接时,球向发球员的左侧上方飞出。

击球前

动作方法　　见图 3-7-7

（1）站位在半台，左脚略前，身体略向右偏斜，左手掌心托球，置于身体右前方；

（2）左手将球向上抛起，同时右臂外旋，直握拍手腕前伸或横握拍手腕外展，使拍面方向略偏向左侧，向右上方引拍，腰部略向右转动；

（3）右臂从右上方向左上方挥动。

技术要点

横握拍发左侧上旋球时，最好将握拍柄的三个手指松开，以增加手腕的灵活性。

错误纠正

练习时易出现击球时间、空间位置掌握不好，第一落点离球网太近，不易过网等问题。因此，应多做徒手练习，体会空间和击球时机，第一落点应离端线近一些。

基本技术

图 3-7-7

▼ 击球时

❀ 动作方法　见图 3-7-8

当球从高点下降至接近网高时，前臂加速向左上方挥摆。直握拍手腕略屈或横握拍手腕内收，腰部配合向左转，击球中部向左侧上方摩擦，根据发球长短调整球的第一落点远近。

❀ 技术要点

触球高度略高于网。

❀ 错误纠正

练习时易出现摩擦力度不够、与平击球混淆、用力方向不对、球上旋力较弱等问题。因此，应摩擦球的中下部，球拍前倾，摩擦力大于平击力。

图 3-7-8

击球后

动作方法　见图 3-7-9

（1）手臂继续向左上方随势挥动后，迅速还原；

（2）发力部位以前臂、手腕为主，腰部辅助。动作过程中，身体重心从右脚移至左脚。

技术要点

击球后呈准备姿势站好。

错误纠正

练习时易出现重心没有转换、动作不协调、击球后动作没有做完等问题。因此，应加强徒手模仿练习，动作完整。

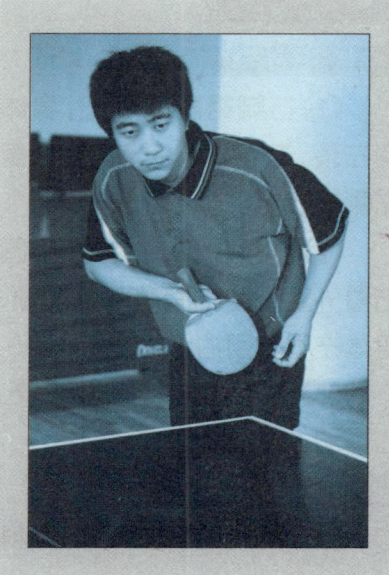

图 3-7-9

反手发平击球

初学者学习反手发平击球的主要目的是为以后掌握高质量的反手发球打下基础。

击球前

动作方法 见图 3-7-10

（1）右脚略前或平站，身体略向左转，左手掌心托球，置于身体左侧前方；

（2）左手将球向上抛起，同时右臂外旋，使拍面角度略前倾，向身体左后方引拍；

（3）右臂从身体左后方向右前方挥动。

技术要点

抛球的同时转体，手臂向身体

左后方引拍。

错误纠正

练习时易出现抛球与击球配合不好、击不到球、引拍路线错误等问题。因此,应先多做徒手模仿练习,配合协调后再实际操作。同时注意右手向左后引拍,使右手在左手臂下。

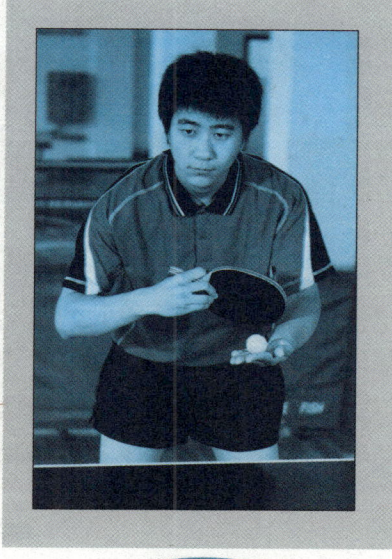

图 3-7-10

击球时

动作方法　见图 3-7-11

当球从高点下降至略高于球网时,击球中上部,向右前方发力,球击出后第一落点在球台中央。

技术要点

(1)当球下降略高于球网,手臂向右前方发力;

(2)挥拍击球中上部。

错误纠正

练习时易出现击球部位错误、用力方向和第一落点不合适等问题。因此,应击球的中上部,向前下方发力,第一落点落在本方台区靠近自己的三分之一处。

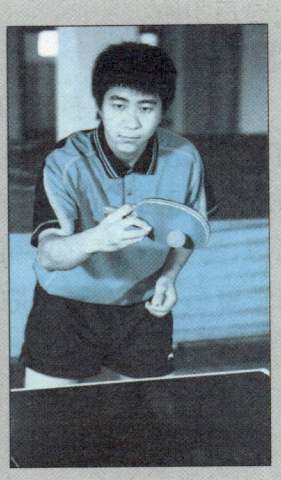

图 3-7-11

击球后

动作方法 见图 3-7-12

（1）手臂和手腕继续向右前方随势挥动后，迅速还原；

（2）发力主要部位以前臂为主，动作过程中身体重心从左脚移至右脚。

技术要点

击球后呈准备姿势站好。

错误纠正

练习时易出现手臂没有向右前方挥动等问题。因此，应明确发球的动作路线。

图 3-7-12

反手发右侧上旋球

反手发右侧上旋球的特点是以旋转变化为主，飞行弧线向左偏拐，对方回球向其左侧上（下）方反弹。由于近似手法会出现两种不同旋转，能起到迷惑对方的作用。

击球前

动作方法 见图 3-7-13

（1）站位左半台，右脚略前或平站，身体略向左偏斜，左手掌心托球，置于身体左前方；

（2）左手将球向上抛起，同时右臂略内旋，使拍面角度几乎垂直，向左后方引拍，腰部略向左转动；

（3）右臂从左后方向右上方挥动。

技术要点

球与球拍均置于身体左侧。

错误纠正

练习时易出现拍面前倾过多或不够、击球时向前力量小或大、落点距离过远或过近、球未向上抛起或抛起高度不够等问题。因此，应多做抛球动作练习，可用拍面击悬空球，在台上划出第一落点的范围。

图 3-7-13

击球时

动作方法 见图 3-7-14

当球从高点下降至接近网高时,前臂加速向右上方挥摆。直握拍手腕前伸或横握拍手腕内收,腰部配合向右转,击球中部,向右侧上方摩擦,根据发球长短调整球的第一落点远近。

技术要点

(1)反手发右侧上旋球时,执拍手由左上方经体前向右上方挥动;

（2）拍面触球时从球的左侧中下部向右侧上方摩擦。

错误纠正

练习时易出现击球点过高或过低等问题。因此，应明确击球的部位。

图 3-7-14

击球后

动作方法　见图 3-7-15

（1）手臂继续向右上方随势挥动后，迅速还原；

（2）发力部位以前臂、手腕为主，腰部辅助，动作过程中身体重心从左脚移至右脚。

技术要点
击球后呈准备姿势站好。

错误纠正
练习时易出现手臂没有向右上方挥动等问题。因此，应明确发球的动作路线。

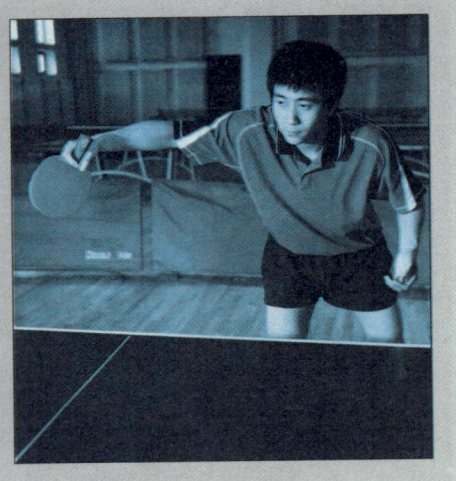

图 3-7-15

反手发右侧下旋球

反手发右侧下旋球指练习者在身体的反手位由左向右挥拍摩擦球，对方平挡回接时，球向练习者的右侧下方飞出。

击球前

动作方法　见图 3-7-16
（1）站位在半台，右脚略前或平站，身体略向左偏斜，左手掌心托球，置于身体左前方；

（2）左手将球向上抛起，同时右臂略内旋，使拍面角度几乎垂直，

向左后方引拍,腰部略向左转动;

(3)右臂从左后方向右下方挥动。

技术要点

球抛起后,快速向左后上方引拍,至肘部下方外侧处。

错误纠正

练习时易出现拍面前倾过多或不够、击球时向前力量小或大、落点距离过远或过近、球未向上抛起或抛起高度不够等问题。因此,应多做抛球动作练习,可用拍面击悬空球,在台上划出第一落点的范围。

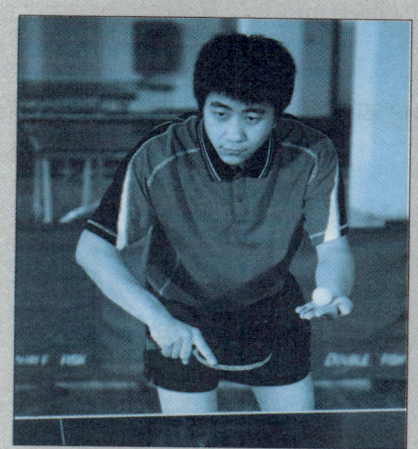

图 3-7-16

击球时

动作方法 见图 3-7-17

当球从高点下降至接近网高时,前臂加速向右下方挥摆。直握拍手腕前伸或横握拍手腕内收,腰部配合向右转,击球中部,向右侧下方摩擦。

技术要点

(1)反手发右侧下旋球时,执拍手由左上方经体前向右下方挥动;
(2)触球时拍面从球的左侧中下部向右侧下方摩擦。

错误纠正

练习时易出现击球点过高或过低等问题。因此,应掌握恰当的击球点,明确击球的部位。

图 3-7-17

击球后

动作方法 见图 3-7-18

(1)手臂继续向右下方随势挥动后,迅速还原;

（2）发力部位以前臂、手腕为主，腰部辅助，动作过程中身体重心从左脚移至右脚。

技术要点

击球后呈准备姿势站好。

错误纠正

练习时易出现手臂未向右前下方挥动等问题。因此，应明确发球的动作路线。

图 3-7-18

第八节

削球技术

削球是攻削结合打法的主要技术，它的击球时间晚、球速慢、命中率高，旋转和落点变化多，对方不易发力进攻，因而可在削球中伺机反攻。削球技术按击球位置可分为正手削球和反手削球。

正手削球

击球前

动作方法 见图 3-8-1

（1）右脚略前，左脚略后；

（2）右臂自然弯曲，前臂提起并外旋，将球拍引至身体右前上方，使拍面接近垂直；

（3）当来球弹起至高点期时，手臂向下挥拍迎球。

技术要点

（1）根据来球落点的远近，选择合适的削球位置；

（2）引拍时动作幅度略大些，使球拍与击球点之间有适当的挥拍加速度。

错误纠正

引拍时易出现引拍向上幅度不够等问题。因此，应徒手做向上引拍练习，加大动作幅度。

图 3-8-1

▼ 击球时

动作方法 见图 3-8-2

击球时以接近垂直的拍形击球的中下部,整个手臂从上向左下方用力摩擦切削。

技术要点

(1)在球的下降期,在体前侧面击球;

(2)击球手臂通过伸展动作向前下方挥拍。

错误纠正

练习时易出现击球点过高或过低等问题。因此,应掌握恰当的击球点,明确击球的部位。

图 3-8-2

▼ 击球后

动作方法 见图 3-8-3

(1)手臂随势向前下方挥动后,迅速还原,呈击球前的准备姿势;

(2)动作过程中,身体重心完成从高到低的转换。

技术要点

(1)压低弧线略前送;

(2)重心移至左脚。

错误纠正

练习时易出现手臂未向前下方挥动等问题。因此,应明确削球的动作路线。

图 3-8-3

反手削球

反手削球的特点是动作较大、击球点较低、击球节奏和球速较慢、飞行弧线较长,以旋转变化为主,可以配合线路和落点变化来争取主动和创造进攻机会,也可直接得分。

击球前

动作方法 见图 3-8-4

（1）左脚略前,右脚略后；
（2）右臂自然弯曲,将球拍引至身体左后上方,使拍面接近垂直；
（3）当来球弹起至高点期时,手臂向右前下方挥拍迎球。

技术要点

（1）根据来球落点的远近,选择合适的削球位置；
（2）动作幅度略小于正手引拍。

错误纠正

引拍时易出现球拍引拍向上幅度不够等问题。因此,应徒手做向上引拍练习,加大动作幅度。

图 3-8-4

击球时

动作方法　见图 3-8-5

以接近垂直的拍形击球的中下部,以上臂带动前臂发力为主。

技术要点

（1）拍形略立一些,手腕相对固定；

削球技术

(2)手臂发力顺序是先压后削再送。

错误纠正

挥拍击球时易出现动作向前太多,导致球出界等问题。因此,应用多球进行回接大力攻球或拉球的练习,使前臂尽可能向下压一些。

图 3-8-5

击球后

动作方法　见图 3-8-6

(1)手臂随势向左前下方挥动后,迅速还原,呈击球前的准备姿势;

(2)身体重心完成从高到低的转换。

技术要点

(1)压低弧线略前送;

(2)重心移至右脚。

错误纠正

击球后易出现前臂送得不够,导致球不过网等问题。因此,应做徒手模仿练习,体会前臂向前送球与集中发力到球上的感觉。

图 3-8-6

第四章 基础战术

　　所谓乒乓球的战术，从狭义上讲，主要是指选手在乒乓球比赛中，根据对方的打法类型及技术特点，而采用的各种技术的原则和方法；从广义上讲，则是指为争取比赛胜利，选手综合运用技术、心理和身体素质的方法。乒乓球的基础战术包括发球抢攻战术、接发球战术、对攻战术、拉攻战术、搓攻战术和削攻结合战术等。

第一节 发球抢攻战术

发球抢攻战术是我国乒乓球选手在比赛中经常运用的重要战术之一。近年来，世界各种类型打法的选手都越来越重视这一战术。发球抢攻的战术意识首先是尽量争取发球直接得分；其次是迫使对方回球质量不高，从而赢得有利进攻机会；第三才是迫使对方接发球不具备杀伤力，从而自己进行抢攻。发球抢攻战术包括正手发转与不转球后抢攻，正手发高低抛左侧上、下旋球后抢攻，反手发右侧上、下旋球后抢攻，反手发急上、下旋球后抢攻或抢推等。

正手发转与不转球后抢攻

此战术是在比赛中以控制对方不能抢攻或抢拉，然后再发不转球抢攻的战术。

战术方法

准备强攻者，可先发不转球，如果对方吃球，还可适当发些长球到其正手位。

战术要点

发短球后，一般对方回短球的可能性大，抢攻可采用快打技术。如实在难于抢攻，可先劈切两大角，争取下板球抢攻或抢拉。

正手发高低抛左侧上、下旋球后抢攻

此战术以正手位发上旋、下旋球的旋转变化，进行抢攻，在比赛中运用较为普遍。

战术方法

发球抢攻时可发至对方中路短球、左方大角长球、中路长球、中路

偏右短球和右方大角长球，配合一个直线奔球。若抢攻与发球落点方向相反的落点，则威胁更大。

❄ 战术要点

左手执拍的选手采用此套发球抢攻的战术，威胁更大。一般多用侧身发高抛球至对方右侧近网，并拐出边线，待对方轻拉起来，可用反手狠压一板直线球，也可侧身用正手反拉，或直接得分，或为下板球的连续进攻创造机会。

反手发右侧上、下旋后抢攻

此战术适合于正、反手皆有进攻能力的选手。

❄ 战术方法

此发球抢攻战术一般发至对方中间偏右近网处或半出台落点，配合发至球台两侧长球。

❄ 战术要点

两面攻选手，特别是擅长反手进攻的选手常采用此战术。可以利用发球旋转的变化，正反手两面上手，出手快，突然性强，使对方较难防御。

反手发急上、下旋球后抢攻或抢推

此战术通过反手位发上旋、下旋球的旋转变化，进行抢攻，可在比赛中遇到反手较弱的选手时运用。

❄ 战术方法

反手发急上旋球至对方反手后，侧身抢攻，擅长反手推挡的选手，或遇到对方反手推攻较差的选手，可发急下旋球。

❄ 战术要点

急球必须发得快、力量大、线路长，且能有一个直线急球配合。若对方搓球回接，必然不好控制短球，可用正手或侧身抢攻；若对方向上轻托，可推挡加推压或侧身抢攻。

第二节 接发球战术

接发球战术是与发球抢攻战术相抗衡的一项战术，目的是破坏对方的发球抢攻，争取在接发球轮次形成相持或主动的局面。在比赛中，接发球处理得好坏，直接影响到选手在整个战局中能否获得主动和心理的稳定。

战术方法

（1）用快拨、快推或拉球回击，争取形成对攻的相持局面；

（2）用快搓摆短回接，使对方难以发力抢攻或抢拉；

（3）对各种侧旋、上旋或不强烈的下旋短球，可用挑短球技术回接；

（4）接发球抢攻或抢拉。

战术要点

（1）由于接发球抢攻（抢冲）是在对方主动发球，自己处于被动的接发球地位时所采取的进攻性打法，所以难度较大；

（2）接发球抢攻（抢冲）一般不可过凶，否则容易失误，要判断好来球的旋转强度、高度和旋转方向，采用适当的方法进攻；

（3）接发球抢攻（抢冲）动作结束后，要立即做好对攻（对冲）或连续攻（冲）的准备，以便保持主动地位；

（4）接发球抢攻、抢冲的力量越小，越应注意球的线路和落点，一般应多打在对方的薄弱面，反手弱多打反手，反手强则多打正手。

第三节 对攻战术

对攻战术是进攻型打法选手互相对垒时常采用的一项重要战术。快攻类打法主要是依靠正手攻球、反手攻球、反手推挡或快拨技术，充分发挥快速多变的特点，以达到调动对方、有效攻击的目的。弧圈类打法主要是依靠正、反手两面弧圈球技术，充分发挥旋转的威力，以达到牵制对方、增加攻击效力的目的。

攻两角战术

此战术是靠给对方左右两个大角，使其顾此失彼，从而占据主动的打法。一般用于对付步法较慢、动作较慢的选手。

战术方法

（1）可以采用对角攻击，即以两条斜线调动对方；
（2）可采用双边直线，即先以直线攻一角，再以直线攻另一角。

战术要点

（1）打斜线角度要大，能超出边线最好，充分发挥斜线的威力；
（2）打直线出手要快，突然性要强，线路要直。

紧压对方反手，结合变线，伺机抢攻

此战术是最基本的对攻战术之一，一般用于对付反手较弱或进攻能力不强的选手。

战术方法

（1）先用反手攻（快推）压住对方反手；
（2）若对方勉强侧身，可连压反手或快速变线到对方空当，伺机抢攻；
（3）若对方侧身搏杀，则可先配合变线，以达到牵制对方的目的。

战术要点

（1）紧压对方反手时，要速度快、角度大、力量重；

（2）变线的这板球要有质量、角度大、突然性强；

（3）避免习惯性变线，被对方适应；

（4）应主动变线，切忌被动变线，给对方提供抢攻的机会。

调右压左

所谓调右压左，主要是牵制擅长侧身进攻的选手，即先打对方正手，将其调动到正手位并被迫离台后，再打其反手位。

战术方法

（1）在对方左半台进攻能力强，而反手位不占便宜时，也可采用此战术；

（2）或用来对付正手位进攻能力不是很强，反手位只能近台、不擅离台的直拍快攻选手（欧洲选手现在常采用此战术对付不会反手攻球的直拍快攻选手）。

战术要点

调正手的球要凶，回反手的球角度要大，否则易遭到对方的攻击。

加、减力压对方反手、中路后，迅速抢攻

此战术主要用于对付站位中台的两面拉（攻）型选手。

战术方法

一般先用加力推（攻），将对方压下去，再用减力挡将对手吸引至台前，然后伺机扣杀。

战术要点

一定要先加力使对手退离球台后再减力挡，如果只有减力挡，没有加力推，就容易招来被动。

连压对方中路或正手，伺机抢攻

此战术主要用于对付两面攻或横拍反手攻较强的对手。

战术方法

这类打法的选手往往是反手进攻技术好,正手相对较弱,中路更是其弱点中之弱点。可先用推挡或反手攻,压住对方的中路或正手,待其攻势较弱时,伺机侧身抢攻。

战术要点

连压对方正手或中路的球一定要凶狠、有力。

第四节 拉攻战术

拉攻战术是用进攻型打法对付削球打法的主要战术,即通过拉球落点、旋转和力量的变化制造机会,伺机突击、抢冲和扣杀。连续正手快拉可以创造进攻机会,机会出现后,采用突击和扣杀的手段来得分。拉攻战术是快攻打法对付削球类打法的主要战术之一。

此战术一般在对方是站位近的削球手时运用,用于对付以逼角为主或落点控制较好的选手。

战术方法

从中路寻找机会,然后杀两角得分。

战术要点

先拉中路,可以迫使对方忙于让位,难以逼角或控制落点,突击(扣杀、抢冲)的机会就比较多。

此战术主要用于对付正反手两面削球技术较好,但步法不是太好的选手。

战术方法

先从两角找机会,然后突击中路得分。

战术要点

中路追身,是削球选手的共同弱点,特别是对正反手顶重板比较稳的削球手,中路是其最好的突破口。

拉一角为主,伺机突击特长线路或对方中路

此战术一般拉对方削球技术较弱或反攻不强一面,给扣杀创造机会。

战术方法

拉一角多选择对方削球不稳、旋转变化不强或攻势较弱的一面,既容易寻找机会,又可减少被对方反攻的机会。

战术要点

(1)突击(扣杀、拉冲)时选择自己的特长线路,可以保证命中率;

(2)选择突击(扣杀、拉冲)对方的中路,可以增大对方接球的难度,从而加大突击(扣杀、拉冲)的威胁。

拉搓、拉吊结合,伺机突击(扣杀、拉冲)

此战术的战略意图是使削球选手在前后移动中出现失误,为攻球选手创造突击的机会。

战术方法

先用拉球结合突击,迫使对方远离球台,然后用搓球或吊短球引其上前回接,再突击或拉冲其中路及两大角,得机会后,连续扣杀。

战术要点

(1)搓球和吊球的弧线一定要低,并讲究落点,防止对方反攻;

(2)不要搓球、吊球过多,以防越搓(吊)越软,突击或拉冲反而打不出来。

第五节 搓攻战术

搓攻战术是进攻型选手的一项辅助战术,主要是利用搓球的旋转为进攻创造机会。但搓球次数要适宜(不可过多),一般快搓一两板就应组织进攻。

 **先搓对方反手大角,再变直线,伺机反攻**

此战术主要用于对付反手攻击力不强的选手。

战术方法

先搓对方的反手位大角,待其准备侧身或已将注意力放到了反手时,则变其正手,伺机反攻。

战术要点

搓反手时角度要大,变线的动作尽量隐蔽,弧线要低,落点尽量靠近边线。

 以摆短为主,配合劈两大角长球,伺机进攻

此战术主要用于对付擅长抢攻长球的选手。

战术方法

先用短球控制住对方,把对方引上来,再搓下去,使其来不及抢攻或抢攻质量下降,从而伺机进攻或反攻。

战术要点

(1)摆短的质量要高,即弧线低,不出台,旋转尽量强,否则易被对方挑打;

(2)劈长球时要突然,角度要大,落点要靠近端线,才容易制造抢攻或反攻的机会。

第六节 削攻结合战术

削攻结合战术由削球和攻球结合而成，常以逼对方两个大角加转削球为主，伺机反攻，或以转、低、稳、变的削球，迫使对方在走动中拉攻，使其回球质量不高，从中寻找机会反攻。这种战术具有"稳、逼、变、凶、攻"的特点。

削转与不转球，伺机反攻

此战术是以削加转和不转球旋转变化，为自己创造得分机会。

战术方法

（1）一般先削加转球，使对方难于抢冲并拉得手臂发硬后，突然送出不转球，伺机上前反攻；

（2）可采用削加转球至对方反手，削不转球至对方正手，伺机进行反攻；

（3）削加转球至对方正手，然后削不转球至对方反手，迫使对方搓球或吊短，出现机会后上前反攻；

（4）连续削接近端线的不转长球为主，使对方拉球失误或伺机反攻。

战术要点

不转球一定要削得低。

逼两角伺机反攻

此战术主要用于对付脚步移动不是很好的对手，可不断变化削球落点，增加攻球者的困难。

战术方法

（1）先逼左角，再逼右角，即对手右方攻势强，先逼其左角；

（2）先逼右角，再逼左角，即对手左方攻势强（如擅长侧身），先逼其右角。

战术要点

此战术若能配合旋转的变化，则效果更好。

破坏对方长短球的战术

此战术以削底线不转球为主，配合加转球，可为削球手提供反攻的机会。

战术方法

（1）当对方吊的短球略高时，果断反攻；

（2）对于较难反攻的短球，可回摆、劈两大角或控制球至对方攻势较弱的地方；

（3）主动削不转长球，增加对方吊短球的困难。

战术要点

（1）正、反手削球都要注意旋转强度的变化，在削加转球后用与削加转球相似的手法，削不转球，迷惑对方，使对方拉出高球，以进行反攻；

（2）削球时要尽可能压低弧线，以避免对方大力扣杀或突击，使自己造成被动；

（3）削球逼角时要适当配合削另一角，调动对方，使对方在走动中击球。

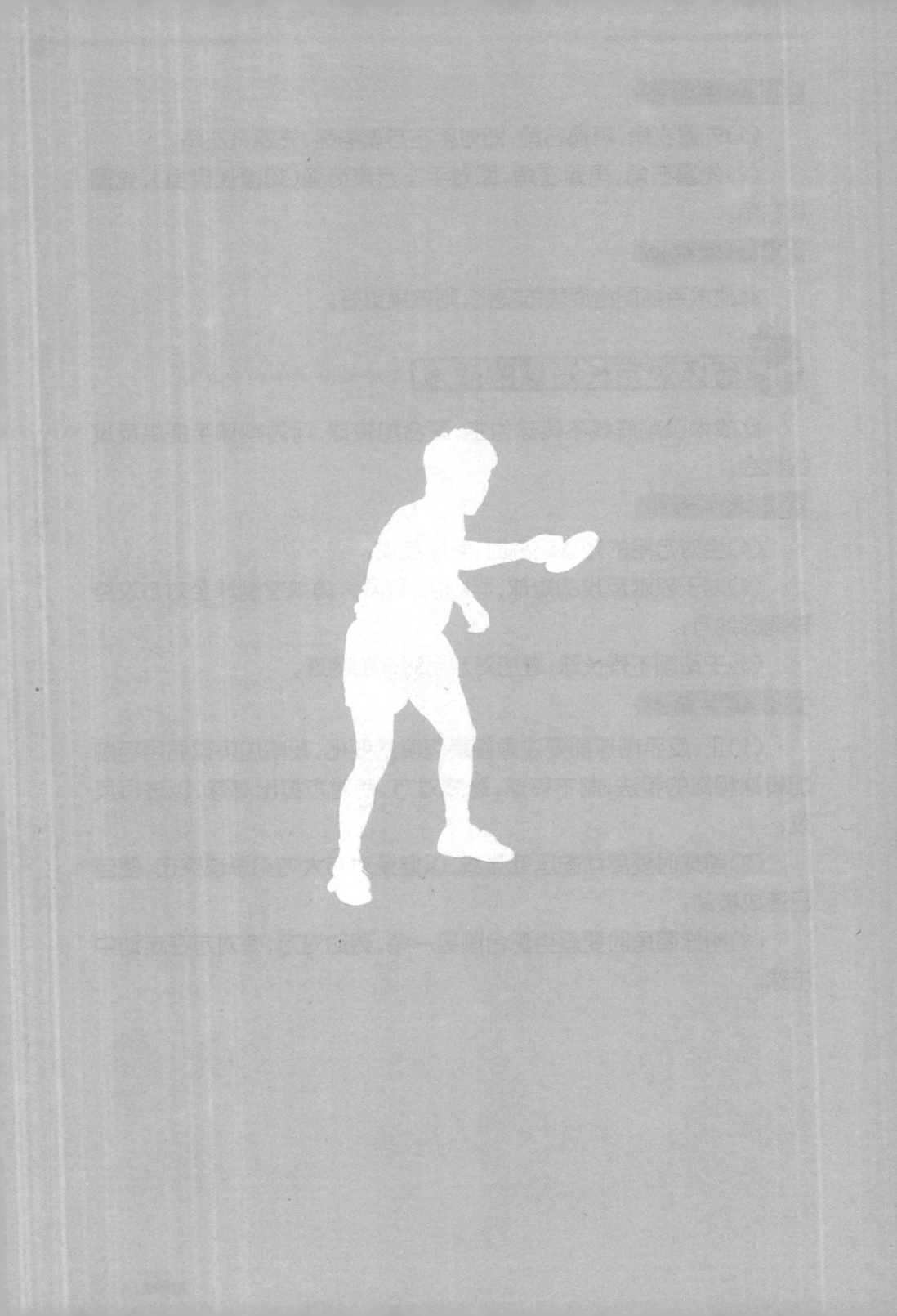

第五章 基本规则

制定各项运动的比赛规则,有助于全民健身运动的深入开展。比赛参与者应该了解运动规则的基本知识,以使自己在比赛过程中游刃有余地发挥技术水平。比赛观赏者也只有在了解基本规则的前提下,才能够充分体验观赏比赛的乐趣。

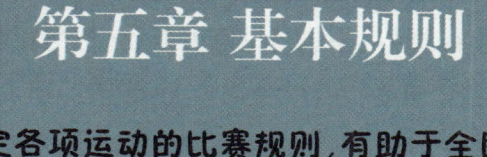

第一节 比赛方法

选手要按照一定的方法进行比赛,并须遵循一定的规则,以使比赛有序进行。

合法发球

(1)球员发球时,球应放在不执拍手的手掌上,手掌张开、伸平,球应该是静止的;

(2)球员须用手把球几乎垂直地向上抛起,不得使球旋转,并使球在离开不执拍手的手掌之后上升不少于16厘米,球下降到被击出前不能碰到任何物体;

(3)当球从抛起的最高点下降时,发球员方可击球,使球首先触及本方台区,然后越过或绕过球网装置,再触及接发球员的台区;在双打中,球应先后触及发球员和接发球员的右半区;

(4)从抛球前球静止的最后一瞬间到击球时,球和球拍应在比赛台面的水平面之上;

(5)击球时,球应在发球方的端线之后,但不能超过发球员身体(手臂、头或腿除外)离端线最远的部分。

合法还击

对方球员发球或还击后,本方球员必须击球,使球直接越过或绕过球网装置,或触及球网装置后,再触及对方台区。

击球次序

(1)在单打中,先由发球员合法发球,再由接发球员合法还击,然后二者交替合法还击;

(2)在双打中,先由发球员合法发球,再由接发球员合法还击,然后由发球员的同伴合法还击,由接发球员的同伴合法还击。此后,双方按此次序循环合法还击。

发球、接发球和方位的选择

(1)双方球员抽签决定选择先发球或先接发球,或者选择先在哪一方位击球;

(2)当一方球员选择了先发球或先接发球,或者选择先在某一方位击球后,另一方球员必须有另一种选择;

(3)在每获得2分之后,接发球方即成为发球方。依此类推,直至该局比赛结束,或者直至双方比分都达到10分或实行轮换发球法。这时,发球和接发球次序仍然不变,但每人只能轮发一分球;

(4)在双打第1局比赛中,先发球方确定第一发球员,再由先接发球方确定第一接发球员,在以后的各局比赛中,第一发球员确定后,第一接发球员应是前一局发球给他的球员;

(5)在双打中,每次换发球时,前面的接发球员应成为发球员,前面的发球员的同伴应成为接发球员;

(6)在一局中,首先发球的一方,在该场下一局应首先接发球;在双打决胜局中,当一方先得5分时,接发球方应交换接发球次序;

(7)在一局中,某一方位比赛的一方,在该场下一局应换到另一方位;在决胜局中,一方先得5分时,双方应交换方位。

轮换发球法

如果一局比赛进行到10分钟仍未结束(双方都已获得至少9分时除外),或者在此之前任何时间,应双方选手要求,可以实行轮换发球法。

(1)当时限到时,球仍处于比赛状态,裁判员应立即暂停比赛,由被暂停回合的发球员发球,继续比赛;

(2)当时限到时,球未处于比赛状态,应由前一回合的接发球员发球,继续比赛;

(3)每个球员都轮换发一分球,直至该局结束,如果接发球方进行

了 13 次合法还击,则判发球方失 1 分;

(4)轮换发球法一经实行,或者一局比赛进行了 10 分钟,该场比赛的剩余各局必须实行轮换发球法。

第二节 裁判方法

在比赛过程中,裁判人员通过履行其职责,进行正确的裁判工作,来保证比赛的公平、公正。

每场比赛均应指派 1 名裁判员和 1 名副裁判员。裁判员应坐或站在球台一侧,与球网呈一直线。副裁判员应面对裁判员坐在球台的另一侧。

得分

除被判重发球外,下列情况球员得 1 分:

(1)对方球员未能合法发球;

(2)对方球员未能合法还击;

(3)球员在发球或还击后,对方球员在击球前,球触及了除球网装置以外的任何东西;

(4)对方击球后,该球没有触及本方台区而越过本方端线;

(5)对方阻挡;

(6)对方连击;

(7)对方用不符合规定的拍面击球;

(8)对方球员或其穿戴的任何东西使球台移动;

(9)对方球员或其穿戴的任何东西触及球网装置;

(10)对方球员不执拍手触及比赛台面;

(11)双打时,对方球员击球次序错误。

一局比赛

在一局比赛中,先得 11 分的一方为胜方;10 分平后,先多得 2 分的一方为胜方。

一场比赛

单打比赛的淘汰赛采用 7 局 4 胜制,团体赛中的一场单打或双打比赛采用 5 局 3 胜制。

重发球

一个回合中,出现下列情况应判重发球:

(1)发球员发出的球,在越过或绕过球网装置时,触及球网装置,此后成为合法发球或被接发球员及其同伴阻挡;

(2)接发球员或接发球方未准备好时,球已发出,而且接发球员或接发球方没有企图击球;

(3)由于发生了球员无法控制的干扰,而使球员未能合法发球、合法还击或遵守规则;

(4)裁判员或副裁判员暂停比赛。

发球、接发球次序错误和方位错误的处理

(1)裁判员一旦发现发球、接发球次序错误,应立即暂停比赛,并按该场比赛开始时确立的次序,按场上比分由应该发球或接发球的球员发球或接发球,在双打中,则按发现错误时那一局中首先有发球权的一方所确立的次序进行纠正,再继续比赛;

(2)裁判员一旦发现球员应交换方位而未交换时,应立即暂停比赛,并按该场比赛开始时确立的次序,按场上比分,对球员应站的正确方位进行纠正,再继续比赛;

(3)在任何情况下,发现错误之前的所有得分均有效。

裁判员、副裁判员的操作过程

（1）到达赛场，检查挡板，球台安放是否正确，球网是否调节好；

（2）将比分显示器调到无比分状态；

（3）在双打比赛中，检查同队选手的服装是否相同，双方服装是否明显不同；

（4）监控练习时间，时间到时告诉选手；

（5）在双方选手均在场时，用掷边器或硬币决定发球、接发球和方位；

（6）比赛开始前，检查毛巾是否放在裁判员附近的容器里，不允许将任何其他物品挂在挡板上，必须将其放在赛场外；

（7）当选手准备好后，宣告或手指指向发球方，报"0 比 0"，将比分翻到"0∶0"；

（8）发球开始，开动计时器，比赛中断时，停止计时器，并重新开动；

（9）每一回合结束后立即报分，或用手势示意，或两者兼用；

（10）劝阻选手不要在发球前停顿太长或多次拍球浪费时间，必要时提醒选手继续比赛；

（11）一局比赛中，确保选手不接受任何场外指导，不管是通过语言还是手势，第一次非法指导，用黄牌警告指导者，如其再犯，亮红牌，令其离开赛区；

（12）一局结束，宣告胜者和当时的局分，将显示器上的比分保留片刻，在记录表上记录成绩后，除去计分器上的比分；

（13）每局结束后，捡回比赛用球，或带在身边，或放在比赛台上，以备下一局比赛使用；

（14）一局比赛全部结束后，将所有文件和器材交回比赛有关工作人员；

（15）离开赛场前，收好所有比赛用球，将比分显示器调回到无任何显示，检查是否有衣服、毛巾或其他物品遗留在场内。